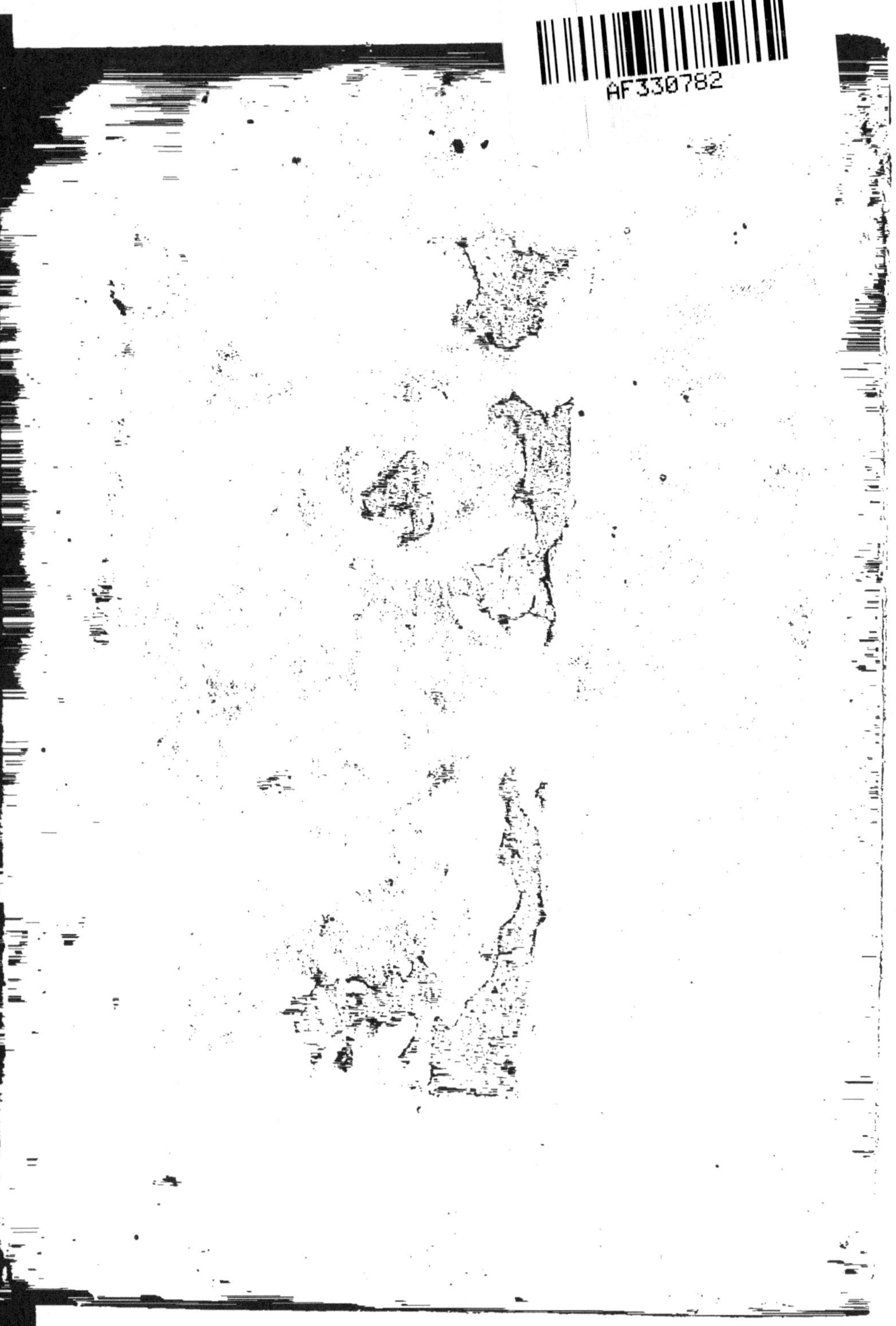

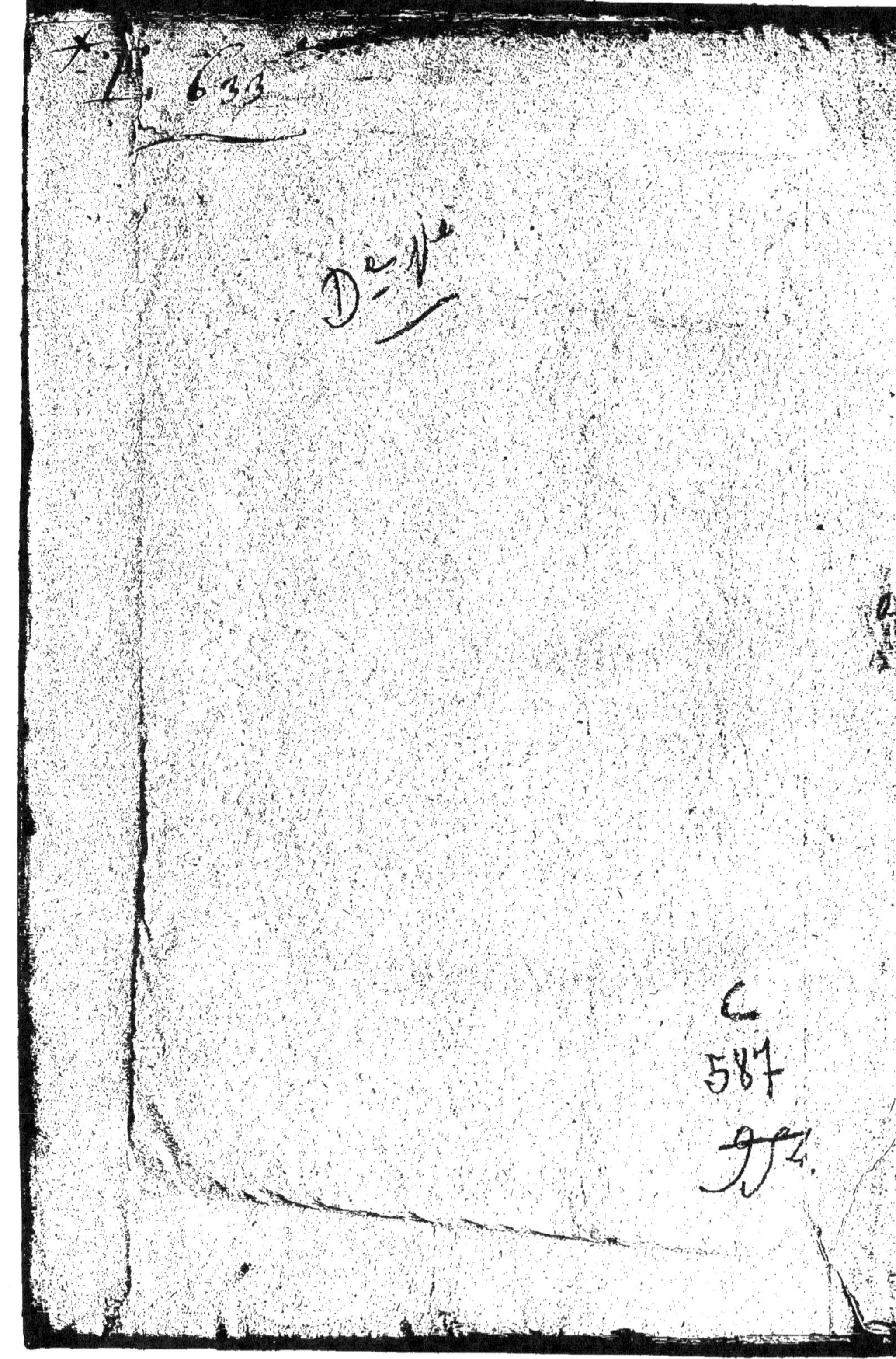

LE COMBAT DE SEVL A·SEVL EN CAMP CLOS:

Par Messire MARC de la BERAVDIERE, Cheualier de l'Ordre du Roy, Capitaine de cinquante
hommes d'armes de ses Ordonnances,
Seigneur de Mauuoisin.

Auec plusieurs questions propres à ce sujet. Ensemble le moyen au
Gentil-homme d'euiter les querelles, & d'en sortir auec son honeur.

Diuisé en quatre parties.

A PARIS,

Chez ABEL L'ANGELIER, au premier pilier
de la grand'Salle du Palais.

M. DCVIII.

Auec Priuilege du Roy.

LE

COMBAT DE
SEVL A SEVL EN
CAMP CLOS.

Par Messire Marc de la Beraudiere, Cheualier de l'Ordre du Roy, Capitaine de cinquante
hommes d'armes, en ses Ordonnances,
Seigneur de Minuault.

Divisé en quatre parties.

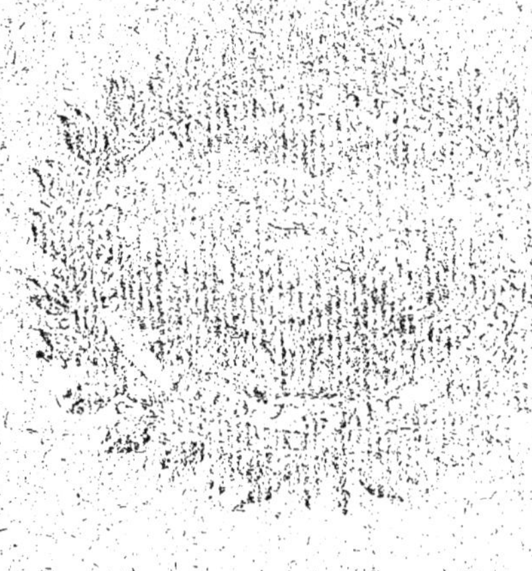

A PARIS,

Chez Abel l'Angelier, au premier pillier
de la grand Salle du Palais.

M. DCVIII.

AV ROY.

IRE,

Puis que ceſte miſerable couſtume a
prins ce chemin ſi aduantageux, que
pour quelque deffence que voſtre Ma-
eſté y puiſſe mettre, les Cheualiers ne ſe
peuuent corriger d'entrer en preuues d'armes: Il eſt raiſonnable que vous embraſſiez dextrement ceſte cauſe, en faiſant l'office de Souuerain, pour iuger determinément du
droiĉt à qui il appartiĕdra. Vous ne pourriez, SIRE, faire
œuure plus diuine, que de prendre la cognoiſſance des querelles & des combats qui ſe font de iour en iour en voſtre
Royaume: La multiplicité & les deſordres qui y ſont, ſont
honte à la nation Frãçoiſe, & horreur à toutes les autres
nations qui entendent parler des combats particuliers qui
s'y exercent ordinairement, & le plus ſouuent auec bien
peu de fondement. I'en parle pour le deſir que i'ay que les
Cheualiers puiſſent reprendre la route de ceux qui ont acquis le renon de Cheualiers valeureux. Ie ne puis inuenter aucun moyen, ny trouuer chemin qui ſoit plus vtile, ſinon qu'il plaiſe à voſtre Maieſté d'ordonner que nul
Cheualier n'euſt à s'appeller ny entrer au combat ſans
voſtre permiſſion à peine de la vie. Et lors vous ver-

ã ij

riez les querelles peu à peu s'appaiser, & la Noblesse
prendroit vn exercice qui luy seroit beaucoup plus honorable que de se tuer l'vn l'autre. Auiourd'huy l'on void
que pour vne simple parole bien legere, & qui ne porte
peut-estre aucun dommage à l'vn ny à l'autre, les voila
tout aussi tost aux mains: Et ont ceste opinion que le Gétil-
homme ne peut estre tenu ny estimé pour vaillant, s'il n'a
experimété son courage auec quelqu'vn. Voila vne estrã-
ge opinion, & qui à la verité doit estre bien reprimee par
vostre auctorité: Ie sçay que l'Estat de Cheualerie est vn
degré d'honneur, & n'appartient qu'aux Cheualiers d'entrer en preuue d'armes Aussi il faut qu'ils esgallent leurs
courages auec quelques vns qui n'ayent que l'honneur en
recommandation : & qu'ils soient bien honorablement
fondez en leurs querelles, & auec vostre permission. Et
d'autant, SIRE, que vous auez puissance de donner telles
loix qu'il vous plaira à ce desordre, Ie n'ay eu crainte, me
confiant entierement en vostre grande bonté, de vous de-
dier ce present Traicté: encores qu'il ne soit accompagné de
grand sçauoir ny de beau langage: mais il est sorty d'entre
mes mains, comme d'vn simple soldat. Ie l'ay faict pour
l'amour que ie porte aux armes, & au bien & honneur de tous les hommes genereux. Vous me ferez cest
honneur, s'il vous plaist SIRE, de l'auoir pour agreable, & de le receuoir, côme de celuy qui veult demeurer
iusques au dernier souspir de sa vie.

Vostre tres-humble & tres-obeissant subject
& seruiteur, MARC de la BERAVDIERE,
seigneur de Mauuoisin.

TABLE
DES CHAPITRES
CONTENVZ EN CE
present liure.

PREMIERE PARTIE.

ã iij

TABLE.

PARTIE SECONDE.

TABLE.

PARTIE TROISIESME.

Si appellant

TABLE.

PARTIE QVATRIESME.

ĕ

TABLE.

FIN.

EXTRAICT DV PRIVILEGE DV ROY.

PAr grace & Priuilege du Roy, il est permis à Abell Angelier Libraire iuré en l'vniuersité de Paris, d'imprimer ou faire imprimer le present liure intitulé, *le Combat de seul à seul en Camp clos, par le sieur de Mauuoisin*, & sont faictes tres-expresses deffenses à tous Libraires & Imprimeurs, d'imprimer ou vendre, ne distribuer ledit liure, sans le congé & consentement dudit l'Angelier, & ce pour le terme de six ans, sur peine d'amende arbitraire, & de confiscation de tous les liures qui se trouueront: & outre voulons que ce present extraict de Priuilege estant narré dans ce liure soit pour deuëment signifié à tous Libraires & Imprimeurs de ce Royaume, côme plus à plein est decliré és lettres Patétes duRoy, donnees à Paris, le 27. Auril 1608.

Par le Conseil.

Signé   BRIGARD.

LECTORI.

Disce armis, lector, vitam famamque tueri,
Quisquis præsidio Martis, & arte vales:
Iusta tamen semper certamina, & arma capesce
Iniustum bellum, numina nulla iuuant.
Quò teneas cursum tanti discriminis, author
Se exhibet optatæ duxque comesque viæ.
Huius scripta legens memori fac mente recondas,
Hinc tibi crede mihi gloria maior erit.

F. de la BERAVDIERE Abbé de Nouailli,

LE COMBAT DE
SEVL A SEVL EN CAMP CLOS
DV SIEVR DE MAVVOIZIN CHEVALIER
DE L'ORDRE DV ROY, CAPITAINE DE
cinquante hommes d'armes de ses Ordonnances.

*AVEC PLVSIEVRS QVESTIONS PROPRES
à ce subiect: Ensemble le moyen au gentilhomme d'euiter les
querelles, & d'en sortir auec son honneur.*

PREMIERE PARTIE.

Si le Combat doit estre permis, & s'il est licite.

CHAPITRE PREMIER.

Es Combats par toutes les loix diuines & humaines ont esté re-prouuez, comme chose qui est contraire à la loy principalement à la loy Euangelique & ordon-nance de Dieu, que de s'appel-ler & s'entretuer, car celuy qui est desireux de respandre le sang d'autruy, est volontiers subiet de perir par le glaiue, nostre Seigneur ne veut

A

l'effuſion du ſang, ny que l'homme intente contre
la vie de ſon ſemblable, entre les Chreſtiens qui ſe
doiuent nourrir en vn commun accord, ſe maintenir en paix & vnion, & viure ſelon les commandemens de Dieu. Les Perces Hebreux, Grecs & Latins,
& les Egyptiens le defendoient tres expreſſement,
ſi ce n'eſtoit à vne guerre legitime, bonne & bien
fondee & pour la terminer. Comme le Combat entre Dauid & Goliath, au premier des Roys, chap.
17. & la monomachie entre Hector & Aiax rapor-
tee par Homere au dixieſme de l'Illiade, & comme
le duel des Horaces contre les Curiaces, recité par
Tite Liue: Comme les Fabiens qui combatirent les
Curiaces deuant les batailles rangees, pour vuider
le defferant qui eſtoit entre leurs pays & nations:
Romulus combatit Tatius Roy des Sabins. Semblablement auſſi vn Roy conduiſant ſon armee, &
y eſtant en perſonne, combatit vn autre Roy, contre lequel il auroit guerre, pour eſſayer à vuider
par armes tous deux ſeuls la querelle & diſpute
qu'ils pourroient auoir : & pour euiter qu'vne plus
grande effuſion & perte de leurs hommes n'aduint.
Et ſi le Combat de ſeul à ſeul ſe fait autrement, c'eſt
preſque imiter les beſtes bruttes, qui d'vne ferocité
ſe tiennet & ſe battent, par ce qu'elles n'ont ny raiſõ
ny lugement aucun pour diſcerner le mal & la honte qui en peut ſortir: voyla pourquoy les anciennes
nations bien ciuiliſees reprouuoient & deteſtoient
du tout le Combat particulier. Toutesfois le Combat de s'appeller en camp clos a eſté de tout temps

reçeu, obſerué & entretenu entre les François, An-
glois, Bourguignons, Italiens, Allemans, & entre les
Septentrionaux mais a eſté auec tant de bonnes cõ-
ſiderations, & de grandes & apparentes raiſons, que
voyans le pays remply de braues gentils-hommes
& bons ſoldats, bien aguerris & inſtruits aux armes,
& continuellement exercités à bien faire la guerre, ce ſont par ceſt honneſte exercice & frequentá-
tion des armes, auec emulation & à qui mieux fera
& acquiera la plus honorable reputation, & titre
d'honneur & de vaillant homme, ſe ſont diſ-ie appris à cognoiſtre & debatre de la vertu & de l'honneur. De maniere que le gentil-homme & le braue
ſoldat, bien experimenté, jaloux de ſon honneur
& de ſon merite & valleur n'a voulu rien laiſſer paſſer à ſon compagnon qu'il penſaſt qui peuſt of-
fenſer ſon honneur & ſa reputation : c'eſt l'occaſion des querelles qui naiſſent entr'eux, & ce qui
les conduit à s'appeller au combat, quand ils cognoiſſent que leur honneur y eſt offenſé: ſur cela il
ſe fait beaucoup d'aſſaſſignats. Voyla pourquoy le
Roy doit eſtre ſoigneux, pour euiter ceſte inſolence, d'auoir l'œil que ſes ſubiects ne ſe puiſſent appeller ſans ſa permiſſion, autrement ce ſeroit vne
confuſion & preſque vn brigandage en ſon Royaume, ſi telle maniere de s'appeller au combat n'eſt
reprimee par le Prince : qui me fait eſtre d'aduis
qu'il ſeroit meilleur d'accorder le Combat à ſes
ſubiects qui font eſtat & profeſſion de l'honneur,
que d'endurer de telles miſeres & malheurs qui ar-

riuent en son Royaume, en desniant le combat vn
Roy des Lombards nommé Rotaris le vouluſt o-
ſter à ſes ſubiets : mais il fut forcé de l'entretenir
encore qu'il proteſtaſt qu'il eſtoit contre toute hu-
manité: Philippe le Bel les defendit en ce Royaume: mais ſes ſubiects le prierent inſtamment de les
remettre, pour euiter les aſſaſſinats qui ſe faiſoient
tous les iours. Le Roy François premier, les accorda en ce Royaume par pluſieurs fois , qui eſtoit
Prince vertueux & tres-chreſtien:& de ſon temps
le Prince de Melphe ſon Lieutenant en Piedmont,
pour reprimer l'inſolence des ſoldats qui s'y faiſoit ordinairement , & couper le chemin aux
querelles qui y eſtoient, ordonna vn lieu où les ſoldats ſe battroiét auec defenſe expreſſe de n'entreprendre qu'auec ſa permiſſion:depuis le Roy Henry deuxieſme conſentit au commencement de ſon
Regne, le Combat, & depuis le defendit par ordon-
nance:auſſi le Roy Charles neufieſme ſon fils: ceſte deffence a bien eſté cauſe de baucoup de meurtres, qui ſe ſont faits depuis, qui ſe font & ſe feront
s'il n'y eſt autrement mis vne police , & tel ordre
qu'vn chacun en ſon iniure puiſſe eſtre reparé de
ſon honneur: qui me ſemble ne ſe pouuoir faire , ſi
ce n'eſt que le Roy accorde le Cōbat en ſon Royaume, de ſeul à ſeul, en camp clos:auec tres-rigoureu-
ſes deffences de ne s'appeller autrement:& quicon-
que s'appellera ſans ſon commandement ſera puny exemplairement par ſa iuſtice.

En quelle condition le Roy doit permettre le Combat en camp clos à son subiect.

CAAPITRE II.

QVand ie parle que le Roy doit permettre le combat en camp clos à ses subjets, ie n'entends pas qu'il soit permis à tous ceux qui le voudroient demander: mais demandant le Combat le Roy doit bien examiner la cause de leur querelle, & essayer par toutes bonnes voyes de les appointer, & appeller les Mareschaux & principaux Conseillers pour les rendre d'accord, & garder sans faueur ne affection particuliere le bon droit à qui il appartient, & de condamner celuy qui aura tort. Et si le Prince cognoist que celuy qui aura tort soit par trop difficile à embrasser le droit d'equité, ne se voulant submettre au iugement de son conseil pour quelques bonnes raisons & remonstrances qu'on luy puisse dire: Le Roy lors doit vser de son authorité absolue, & le forcer de ce ranger à la raison: c'est à dire de tenir la main forte, afin que le droit & la raison soient maintenus, mais ie dis que deuant qu'en venir là, il doit chercher tous les moyens de les accorder: & si la querelle estoit de telle consequence & si difficile que celuy qui demande le combat fust tant iniurié & offencé, & qu'il y allast de son honneur ne pouuant estre satisfaict que par les armes, donc

A iij

il supplie instamment le Roy de luy permettre le
Combat:lors il seroit difficile de luy desnier, veu
qu'il y va de l'honneur de son subiect, & aussi en luy
refusant,il le deshonnore, car à la verité le Roy a
beaucoup de puissance sur son subiect,mais quand
il y va de son honneur,il faut que le subiect le de-
batte auec son espee, pour ceste consideration, il
me semble qu'il luy doit liurer le combat en camp
clos,afin que son honneur luy soit reparé.

Les causes pour lesquelles l'on doit permettre le Combat.

CHAPITRE III.

IL est doncq bien requis que le Roy regarde aux causes qui sont permises de dónerle
Combat:l'accusation de crime de leze majesté est legitime pour permettre le combat, aussi
d'estre accusé d'auoir commis vn meurtre de guet
append,d'auoir voulu faire vne trahison, tant à la
personne du Roy, que d'auoir voulu prendre de
l'argent pour rendre vne place, ou auoir prins &
desrobé l'argent du Roy, quand on a diffamé &
deshonnoré l'honneur des dames. En tous ces cas si
l'on est accusé, le Roy peut permettre le Combat
pour defendre le contraire. Toutesfois il ne seroit
raisonnable que le Roy sur vne simple accusation,
ordonne legerement le combat:mais il doit y proceder si meurement, & auec telle verité,que l'accu-
sateur soit tenu de soustenir dextrement son dire

par les armes, au cas qu'il ne se trouuast point de
tesmoins qui peussent testifier de l'entiere preuue
de son accusation : car si l'accusation que l'on luy
met à sus merite la mort, le combat se doit o-
ctroyer.

Des qualitez des personnes, & quand & à qui le Com-
bat doit estre accordé.

CHAPITRE IIII.

'Est vne forme de iustice que le Roy doit
obseruer pour la conseruation de l'honneur de ses subiects, que l'octroy du Combat: comme celuy qui est le vray & seul iuge de
l'honneur de ses subiects: car à la verité deuant que
le Roy ordonne le Combat beaucoup de choses
doiuent estre considerees, sçauoir, si les combattás
sont de pareille grade, si le combat que l'on demande est iuste: & s'il se doit donner, & souffrir que
l'on en vienne aux armes. Ce fut la raison que Philippe Duc de Bourgongne sorti de la maison de
France, defendit & abolit du tout le Combat en
Hollande, à cause que le roturier à tous propos &
pour raison biē legere appelloit le Gentil-homme
au Combat: aussi il n'est pas raisonnable qu'vn roturier, ou quelqu'vn sorti de bien petit lieu, & sans
experience, en appelle vn autre qui est homme
d'honneur, de merite, & de valleur, & qui a esprou-
ué sa personne par beaucoup de longues annees,

eſtant digne de grād merite:tels perſonnages ſont
de reſpect,& le Roy doit auoir eſgard à leur qualité:& s'il arriuoit qu'vn qui fuſt moindre & de plus
baſſe qualité que celuy qu'il appelleroit au Cōbat,
& qu'il n'euſt aucun grade & experience , ſinon ſa
tendre ieuneſſe qui le grate & chatoüille à toute
heure,& prend legerement querelle à bon & mauuais droit , ſe fiant à ſon adreſſe & à ſa vaillance,
ou deſdaignant celuy à qui il a querelle, & en faiſant vne riſee,cela ſe doit corriger par le Prince:&
quand vne telle diſpute entre deux Gentils-hōmes
eſt creée, dont les grades ne ſont égaux ny l'expe-
riance,la maiſon & la race de celuy qui aura le plus
grand tort eſt tenu de le ſatisfaire , ſans entrer au
Combat,& le rendre contant : mais quelqu'vn me
pourroit obiecter, que ce ſeroit donner moyen &
laſcher la bride au riche gentil-homme, de brauer
celuy qui n'aura tant de grades & qualitez ſembla-
bles:la reſponce eſt que aduenant que le riche gentil-homme ou celuy qui aura des hōneurs plus que
vn autre ſe fuſt tant oublié que d'iniurier vn moindre que luy,ou que de gayeté de cœur luy euſt im-
poſé quelque parolle iniurieuſe & diffamatoire
qu'il n'euſt iamais dit:en ce cas il eſt tenu de ſe defendre & de nyer les parolles qu'on luy met à ſus,
enſemble repouſſer l'iniure qu'on luy fait , offrant
de luy prouuer le contraire,& ſe vanger par les armes en camp clos auec permiſſion du Roy, pourueu que l'accuſation fuſt digne de mort : mais autrement celuy qui n'eſt de ſemblable qualité eſt

tenu

tenu de refpecter & honnorer vn qui eft plus que
luy. Il ne faut receuoir les excufes d'vn tas de gau-
diffeurs &brocardeurs,qui ont accouftumé de rail-
ler,& apres qu'ils ont offencé vn honnefte homme
& gentil-hommme d'honneur,ils penfent en eftre
quitte pour dire qu'ils ne fe faifoient que iouër, ou
fans y auoir penfé: voyla les belles excufes qu'ils
donnent en telles querelles. Quand on les accorde
ils deuroient bien examiner leur langage , auant
que parler:car quand la parolle eft vne fois ditte,
elle ne fe peut plus reuocquer: il faut entre gétils-
hommes la maintenir, car celuy qui nye ce qu'il a
dit,fait vn tres-grand tort à fa reputation, toutesfois ie diray que fi la parole qu'il a dicte n'eft pas
veritable,il aura plus d'honneur de s'en defdire que
de la maintenir , l'on n'aura iamais d'honneur de
maintenir vne mauuaife caufe. Auffi faut-il eftre
tout affeuré que Dieu ne la fauorifera iamais.

De ceux qui font exempts du Combat.

CHAP. V.

IL eft tres-raifonnable d'obferuer la race la
qualité &la maifon de ceux qui pretendent
de demander le Combat:car s'il eftoit permis à toute perfonne de s'appeller fans acception
ce feroit faire vne confufion. Les Princes font

exempts du combat d'autant qu'il n'appartient au
Gentil-homme de quereller vn Prince : mais bien
de le respecter & honorer, comme estant de plus
grande & de meilleure maison:quand ie parle des
Princes, i'entens de ceux qui sont Princes du sang
de France,& de ceux qui sont Princes de nom &
d'armes, & sortis d'ancienne maison souueraine.
Veritablement à ceux-là le Gentil-homme ne se
peut égaller, ny se dire compagnon. Et combien
que vn gétil-homme eust épousé vne Princesse,ou
que le Roy l'eust fait Duc,& concedé beaucoup de
preeminéce,il n'est pource la tenu esgal aux Princes : & s'il arriuoit vn different entre le Prince
& le Gentil-homme , le Roy doit tenir la main
forte que le Gentil-homme le respecte & le rende
bien comptant. Les officiers de la Couronne de
France,semblablement sont exempts du Combat,
outre qu'ils soient Gentils-hommes , ils sont honorez des plus beaux estats de la Couronne:cela est
certifié par le Roy Charles sixiesme,pour vne querelle qui fut entre le Connestable de Clisson &Iean
de Craon,lequel se resentant de quelque desplaisir
que le Connestable luy auoit fait, le trouuant
bien à propos, luy bailla force coups d'espee, le
Roy desplaisant d'vn tel acte entra en telle colere
qu'il en deuint tout frenetique:cela est plus amplement escrit en la Cronique de France. I'ay veu
en ma tendre ieunesse le sieur de Chambray Gentil-
homme de Normandie prochasser vn Combat
cótre monsieur l'Admiral Dannebaut:ce fut durát

le regne du Roy François premier, il en fut debou-
té, & dit lors le Roy, que s'il y auoit Gentil-homme en son Royaume, qui fust si temeraire de pour-
chasser & demander vn Combat particulier, contre les officiers de sa couronne, il luy feroit trácher
la teste : mais s'il arriuoit qu'vn officier de sa couronne eust offensé vn Gentil-homme d'honneur
en luy faisant entendre, il luy feroit faire raison
selon que le fait le meriteroit, & sans en venir aux
armes. Voyla le dire & sentence de ce Prince genereux. Ie di bien plus que les officiers de la Couronne ne peuuent ny ne doiuent appeller les
Princes au Combat. Et encores qu'ils soient mis
& assis au plus grand degré & offices de la Couronne, il les doiuent respecter : la raison, c'est que
quand les Princes meurent ils laissent tousiours
leurs enfans Princes : la ou ceux qui ont des E-
stats de la Couronne, ne les possedent sinon que
tant que le cours de leur vie peut durer, & leurs
enfans, apres rarement les possedent si ce
n'est par la liberalité du Roy à quelques vns, &
non à tous.

Des Cheualiers de l'ordre du Roy , & des Capitaines de gens-d'armes.

CHAP. VI.

ES Cheualiers de l'ordre du Roy pour
estre signalez & qualifiez à raison de
leurs bons & grands seruices, doiuent
estre exempts du Combat, & respectez, par ce qu'ils
portent l'ordre du Roy leur Seigneur qui est la
marque dont il a voulu honorer ses bons & loyaux
seruiteurs, ensemble ceux de son conseil priué, qu'il
a choisi & fait election du nombre de gens d'honneur, sages & bien aduisez & experimentez, pour
estre mis pres de sa personne, à decider de toutes
les affaires qui importeront le bien du Royaume
& son seruice. Et quand aux Capitaines des gens-
d'armes il n'appartient au Gentil-homme qui est
sans grade de les appeller au Combat , car tout
Gentil-homme qui commande en general ne peut
estre appellé d'vn qui est moindre que luy, & côbien
qu'il fust Lieutenant de gens-d'armes, Enseigne, &
Guidon, Capitaine de gens de pied, maistre de cáp
ny autre de semblable grade, ils ne peuuent appeller vn Capitaine de gés-darmes en camp clos. Et le
Roy ne le doit permettre, & les doit maintenir afin
que ses seruiteurs ainsi signalez fussent mieux re-
cogneuz qu'ils ne sont: il est fort raisonnable d'honorer ceux qui sont montez en honneur par leur

valeur & grand merite,il ne les faut pas defdaigner
quis que le Roy les a appellez pres de fa perfonne
pour s'en feruir, i'ay memoire fur ce propos d'vne
querelle qui fut en Piedmont entre monfieur de
Vaffay & le CapitaineMoumas.LeditMoumas de-
manda le Combat au Roy pour auoir raifon de
monfieur de Vaffay de l'iniure qu'il luy auoit faite,
mais par l'aduis de monfieur le Conneftable ,des
Marefchaux,& de tout le Confeil,qui fut affemblé
à diuerfes fois pour cefte occafion , il fut dit que
Moumas ne pouuoit ny ne pourroit appeller
monfieur de Vaffay au Combat,parce qu'il n'eftoit
pas de fa qualité ny de mefme grade : Voyla comme le Capitaine des gensdarmes doit eftre refpecté
& honoré:mais s'il arriuoit vne querelle entre deux
Gentils-hommes,dont l'vn fuft Capitaine de gendarmes & qu'il deuft fatisfaire ce gentil-homme à
qui il auroit querelle,fi c'eft à luy à le faire, il faudra qu'il s'en tienne pour contant & bien fatisfaict,
felon l'aduis du Roy & de fon Confeil:auffi les Capitaines des cent Gentils-hommes de fa maifon ne
font tenus d'inuiter en Combat , vn moindre
qu'eux , ny auffi le Capitaine des Gardes ,mais le
Roy peut donner combat à ceux qui font de pareille grade , & affin que l'on cognoiffe en quel
honneur l'on tenoit les Capitaines de gensdarmes,
ie mettray en ce rang les capitaines qui ont efté
grandemét honorez de mon temps.Iay veu monfieur de Senfac commander à la caualerie legere, à
des Princes du fang & à de gráds feigneurs q̃ il l'ho-

noroient grandement, & estoit tres-bien obey. Ce
fut au voyage de Valencienne, durant le regne du
Roy Henry second, ce fut en l'absence toutesfois
de monsieur d'Aumasle, qui estoit prisonnier entre les mains du marquis de Brandhebourg, i'ay
veu monsieur de Desse Lieutenant pour le Roy en
Escosse, qui pour lors n'estoit que Capitaine de
gens-d'armes, commander à vne belle armee & à
beaucoup de grands Seigneurs : aussi monsieur le
Mareschal de Termes & tous deux n'estoient de
ce temps-là que Capitaines de gens d'armes, & à
leur retour furent Cheualiers de l'ordre du Roy.
Vous pouuez voir par là comme l'ordre du Roy a
esté de tout temps honoré, & que apres de grands
& longs seruices, les Roys ont voulu honorer & recompencer les seruices que ces bons & loyaux seruiteurs leur ont faict en leur donnant leur ordre.
Monsieur de Sensac aussi au retour de la Mirande
eut l'ordre auec cinquante hommes d'armes, monsieur de Monluc eut aussi l'ordre du Roy quant il
fut de retour du siege de Scienne, auec cinquante
hommes d'armes, le Roy donc en doit faire grand
estime, & les conseruer en leurs hôneurs, puis qu'ils
y sont appellez par leurs merites, & ne permettre
point qu'ils soient appellez au combat comme s'y
s'estoit vn simple soldat : c'est la raison pourquoy
i'en ay bien voulu escrire au long, afin que s'il arriuoit qu'vne querelle entre deux qui ne sont de pareille grade, qu'ils soient deboutez de l'octroy du
Combat en camp clos: car ie tiés que tous combats

se doiuent faire entre pareils , & que les grades de
caualiers se doiuent obseruer: d'autant que c'est vn
degré d'honneur qui a esté acquis auec vne braue
reputation entre les vaillans hommes & personnes
d'honneur lesquels auec les armes ont fait preuue
de leur valleur. Et pour ceste raison ils ont esté mis
au rang des caualiers. C'est la raison pourquoy les
infames les traistres contre leur Roy, les voleurs, &
tous ceux qui ont esté rejetez de la frequentation
& vsance de la guerre, & degradez des armes doiuent estre exempts du Combat.

La forme que doiuent obseruer les Combattants.

CHAP. VII.

APrés auoir parlé des raisons pourquòy le
Roy doit accorder le Combat à ses subiects, il faut à cest heure dire comme les
parties doiuent combattre , & la forme qu'ils y
doiuent obseruer , l'agresseur doit proposer au
Prince qu'il maintiendra à son aduerse partie que
le crime dont il l'accuse est veritable, & s'il n'a point
de tesmoins qui puissent tesmoigner de son dire,
nonobstant il veut exposer sa vie de prouuer à son
aduersaire qu'auec les armes il luy fera aduoüer. Et
supplie tres-humblement le Roy qu'il luy face c'est
honneur de luy octroyer le Combat , & qu'il ne
veut entrer au Combat si l'accusation qu'il luy met
sus n'estoit veritable, s'asseurant que Dieu le fauo-

risera tant, en ceste querelle qu'il fera cognoistre à
son aduersaire & à toute l'assistance que son dire
contient verité. Le defendeur respondera au ʀoy
qu'il est innocent de tout ce qu'on luy met sus, &
que c'est chose meschantement controuuee, sup-
pliant sa Majesté de luy conseruer son honneur, &
qu'il luy plaise de luy octroyer le Combat & demander iour & lieu pour s'y trouuer : promettant
sur son honneur de n'y manquer, à peine d'estre
degradé de tout honneur & ne porter iamais armes.

Que par vengeance l'on ne doit entreprendre le Combat
en camp clos.

CHAPITRE VIII.

LA vengeance est defenduë de Dieu & luy
seul se l'est reseruée, qui corige & chastie les
orgueilleux, & les remet sous sa puissance.
parquoy il faut que toutes vengeances soient mises
entre ses mains, & n'entreprendre de se vanger que
ce ne soit sans son appuy : & de ne prendre la querelle d'autruy à defendre ny le combattre par vengeance : mais seulement pour vne bonne & iuste
raison. Les iniures quelquefois sont si grandes, que
le Cheualier d'honneur pour sa reputation & pour
le deuoir de Cheualerie, doit auec legitime raison
prendre les armes pour assaillir & defendre l'iniure
que quelqu'vn luy aura faite, cela ne se doit nommer vengeance, mais bien repousser l'iniure ou
										l'outrage

l'outrage qu'on a receu. Exemple , si quelqu'vn a
voulu forcer la femme de son voisin , il est raisonnable qu'il s'en ressente, & qu'il repousse ceste iniure & infamie qu'il luy a voulu faire , non pour se
vanger, mais pour son honneur & de toute sa po-
sterité.C'est vn acte de genereux soldat de se disposer à prendre les armes contre ceux qui taschent
à luy rendre infamie & deshonneur : & quand il se
vangera de ceste iniure,inuocquant la totalle puissance de Dieu,qui tousiours conserue le bon droit
à qui il appartient , il ne faut douter qu'il l'assistera.
Ie produiray vn autre exemple de celuy,qui entreprend vn Combat de chose qui ne luy touche en
rien.Quelqu'vn a tué vn homme dont personne ne
le sçait que moy , ie ne le dois point accuser pour
me vanger de luy:mais par ce que c'est vn acte desplaisant à Dieu,& que les homicides doiuent estre
chastiez,ie veux entrer en preuues d'armes auec celuy qui a commis vn tel acte, & luy maintenir qu'il
a fait l'homicide,car les Combats n'ont esté inuen-
tez que pour la iustification de la verité , & non
pour la vengeance. Le Roy ne deuroit octroyer le
Combat à qui que ce fust qui voulust combattre
par vengeance, ce faisant autrement ce seroit faire
d'vn cãp clos, vne boucherie: ainsi de plusieurs autres effets qui pourroiét suruenirõ me d'vn adultere
ou d'vn traistre & de tous meschans actes:ie n'yray
point tant fueilleter les sainctes escritures , ny rechercher tant de belles & sainctes raisons qui defen-
dét l'adultere,l'homicide,le larrecin, le rauissement
des honnestes filles & femmes pudicques, & toutes

ces especes de meschanceté. Il est tout certain que
tels actes sont infames & punissables, que le vaillant homme doit repousser auec les armes. Ie fe-
rois volontiers vne demande, que si quelqu'vn a tué
mon pere proditoirement, comment ie m'en de-
urois vanger, i'entens si ie n'auois aucuns tesmoins pour prouuer cest homicide : car en ceste
cause ie le pourrois disputer aussi bien ciuilement
que par les armes, & serois tenu selon Dieu & les
hommes d'en tirer raison: selon Dieu, par ce qu'il
permet que d'vne si saincte querelle la vengeance
en soit faite: selon les hommes, que l'on me tiendra pour vn de peu de valleur & d'estime si ie n'ay
raison de cest homicide : ainsi du frere & autres
parens & amis que vous aymerez & affecterez, &
que vous cognoistrez auoir tué proditoirement:
mais si l'homicide auoit esté fait cap à cap, sans aucun aduantage, ie debattrois qu'il n'y deuroit point
auoir de ressentiment, par ce que la querelle a esté
terminee auec les armes, & seul à seul, qui est vn
Combat legitime.

Si les bastards doiuent estre receus de Combattre en
camp clos.

CHAPITRE X.

'Est vne question qui doit estre mise au
rang des Cheualiers: c'est aussi la raison qu'il
faut faire des distinctions des bastards:
parce que les vns sont roturiers, & les autres sortis

& naistre de Gentils-hómes. Ceux-cy deuroiét auoir
plus de priuileges pour les armes que les autres,
d'autant que le ressentimét de la noblesse leur doit
plus toucher. Et ceste belle imagination leur doit
seruir d'exemple pour acquerir de l'honneur & s'a-
cheminer à la vertu: toutesfois le bastard par la loy
est exclus de toute succession paternelle & mater-
nelle: parce qu'il n'est pas legitime : n'estant donc
pas legitimement bien nay, ny sous la condition de
mariage, il n'y a loy ny raison qui permette qu'il
puisse appeller au Combat , & en preuues d'armes vn Cheualier. Il est vray qu'il y a des bastards
de telle valleur & de si braue experience, & qui ont
laissé vne telle reputation d'eux à la suitte des armes , qu'ils ne doiuent estre rejettez du Combat,
quand il sera question de debattre vne querelle: il y
a des loix & des Docteurs qui parlent en faueur des
bastards , & d'autres qui leur sont contraires. Et
pour prendre vne conclusion sur toutes leurs opinions: La mienne seroit, que les peres taschassent
de faire legitimer leurs bastards afin de les rendre
capables de posseder ce qu'ils leur pourroiét tester
qui ne pourroit toutesfois interesser les vrais enfans, yssus d'vn legitime mariage. Et cela aduenant
estans legitimez par le Roy , ie croy & tiens ceste
opinion qu'ils pourroient entrer en preuue d'armes & camp clos. Il se trouue assez de bastards qui
ont esté Roys, Princes, & grands Seigneurs & sou-
uerains : mesmes qui ont debattu les Royaumes
& y ont esté receuz , & regné heureusement eux
& leur posterité. Ie conclus doncques que le ba-

ſtard aduoüé extraict de noble lignee, & legitimé
par le Prince, peut entrer en camp clos pour debatre de ſon honneur, meſmement quand il a acquis
de l'honneur & des grades honorables qui l'ont
pouſſé à ce haut degré d'honneur & de vertu, qui le
doiuent rendre priſé & honoré de tous les braues
Cheualiers. Les baſtards des preſtres en doiuent
eſtre exclus. En quoy ſerois-ie de ceſte opinion que
le baſtard d'vn qui ne ſeroit point marié, & la mere auſſi deuroit eſtre pluſtoſt legitimé du Prince,
& pluſtoſt receu aux grades d'honneur & de Cheualier, que ne ſeroit celuy qui eſt conceu en adultere: d'autant que c'eſt vn vice qui eſt defendu par
la loy de mariage, qui plus aggraue le peché. Et
puis qu'il eſt ainſi eſleué par le Prince, il le peut
auſſi appeller aux grades d'honneur & honorables
charges, & par conſequent doit eſtre receu à debatre ſon honneur comme les autres Cheualiers : le
Combat ce n'eſt autre choſe que rendre preuue de
ſa valeur auec les armes, ce qui n'appartient qu'aux
Cheualiers : & la cheualerie eſt vn grade d'honneur, & n'eſt licite à qui qu'il ſoit d'entrer en
preuues d'armes que à ceux qui ont acquis de
l'honneur.

Des Cartels.

CAAPITRE X.

L Y a auiourd'huy vne forme entre les querelles que les parties se mâdent des cartels.
Ceste maniere de faire est tres-bonne, laquelle les Cheualiers en leurs querelles doiuent obseruer. Car comme en vne cause ciuile l'on y procede par action faisant assigner les parties pour y res-
pondre:aussi au Combat que nous tenôs tous estre
vne forme de iustice)il faut appeller son ennemy
par vn cartel auquel faudroit mettre le discours de
leur querelle le plus briefuement que faire se pourroit, & en termes intelligibles & communs, sans
rien y obmettre, à fin qu'apres n'y soit faite aucune
contradiction sçauoir, que l'assaillant appellera son
ennemy par cartel au Combat, apres auoir eu la
permission du Roy: & le defendeur respondra de
s'y trouuer & luy maintenir le contraire de tout ce
qu'il luy a mandé: & y pourra adiouster vn desmanty sans passer plus outre, & quand bien il le
feroit & qu'il dist auec le desmanty qu'il luy sou-
stiendroit auec les armes en la main, il ne perdroit
pour cela le choix & option des armes, & demeu-
reroit tousiours le defendeur:attendu qu'il est respondant au cartel de son aduersaire qui l'appelle au
Combat, & luy il l'accepte:& quand il luy respond
qu'il s'y trouuera auec les armes. Par là il fait demonstration de sa volonté, & de sa valleur.

Le seigneur Hierosme Mussio en son liure du
Combat, parlant de la forme des cartels, est de contraire opinion: & dit que, donnant le desmanty
l'on ne doit tout de suitte proposer la preuue des
armes, & que c'est vsurper la iurisdiction de son
ennemy, & faire l'office de demandeur au lieu qu'il
n'estoit que defendeur, qu'il ne seroit pas conuenable qu'il appellast au Combat & eust le choix des
armes tout ensemble: & sur cela il conclud, que veu
la faute qu'a fait le defendeur de proposer les armes, il en doit perdre l'election: cela (ce me semble)
est bien creu & ne puis consentir à ceste opinion:
il est tout certain qu'vn desmanty sur vne iniure, se doit soustenir : & me semble que le desmanty
que le defendeur dône, & le choix des armes qui est
en sa disposition n'est qu'vn, ont vne mesme suitte
& ne peuuent estre separez: puis qu'ils ne peuuent
estre separez, il n'y a pas donc de raison que le defendeur perde l'election pour dire ie te le soustien-
dray auec les armes.

Les cartels se doiuent faire parlant à la propre
personne de celuy qui est defedeur, & deuroit estre
fait par vn trompette ou heraut d'armes : car puis
que par la licence du Roy, il est permis d'appeller
son aduerse partie au Combat, il peut commander
à son trópette de l'aller appeller, ou en la plus proche ville de sa demeure, voire en sa propre parroisse,
afin qu'il n'en pretendist vne seule cause d'igno-
rance.

Des Pairrains.

CHAP. XI.

Es combatans doiuent eſtre ſi ſages & tant prudés en leurs querelles, que de faire eſle-ction de quelques braues gentils-hommes qui ſoient expers aux armes, bien entendus au faict de Cheualerie, & qu'ils puiſſent diſputer de leur honneur: & les Conſeillers enſemble conſeruer le droit qui leur appartiét: auſſi ce mot de (parrains) eſt tenu pour peres, entre les mains deſquels ils ſe ſont ſoubs mis auſſi les Parrains doiuét eſtre tant fideles à leurs parties qu'ils ſe doiuét bien garder d'eſtre en aucunes manieres fauorables, entre eux, autrement ils ſeroient grandement meſpriſez d'vn ſi vituperable fait, en quoy ils doiuent eſtre diligens à bien conſeruer l'hôneur de leurs parties. En fait de querelles l'on doit recourir au iugement de ceux qui en ont l'experience. Apres doncques que le Prince aura accordé le Combat aux deux Cheualiers, ils doiuent eſlire chacun vn parrain, leſquels enſemble iront viſiter l'aſſiette du camp des deux combatans, eſtans venus le iour & le terme de leur combat, les parrains d'vne part & d'autre reuiſiteront les deux combatans pour voir s'ils ne ſe ſont point munis de quelques caracteres, aydez de charmes & autres telles manieres d'enchantemés & ſortileges, & leur en feront faire vn ſerment ſolemnel l'vn à l'autre: meſmes les parrains en pourroient faire le

ſemblable , & iurer deuant Dieu & le Roy, & de
toute l'aſſiſtance qu'ils n'ont ny ne ſont accompagnez d'aucun enchantement ny n'en veulent ayder à leurs parties. Auſſi il eſt beſoin que les parties
facent ſerment qu'ils combattent auec bonne &iu-
ſte raiſon, proteſtans deuant Dieu & le Roy & toute l'aſſiſtance qu'ils ne combattent qu'auecques iu-
ſtes querelles.

De l'eſlection du Camp.

CHAP. XII.

Luſieurs ſont differens en ceſte opinion
ſçauoir lequel des deux Cheualiers doit a-
uoir l'election du camp: ie ſuis en ceſte o-
pinion que le defendeur qui eſt appellé au Combat
ayant le droit & choix des armes: doit auſſi eſlire
le camp de leur Combat, & en faire telle eſlection
que bon luy ſemblera: car comme l'aſſaillant eſt tenu de receuoir les armes que le defendeur luy pre-
ſentera, auſſi doit-il eſtre obligé de ſe trouuer au
camp qui luy ſera aſſigné. Et faut que le defendeur
face ſçauoir à l'aſſaillant le temps, le iour, & lieu du
Combat. Et pourra bailler tel terme qu'il luy plaira ſoit de deux, de trois ou de ſix mois & de tous ſes
termes l'aſſaillãt en doit choiſir vn, lequel il voudra,
& en faire certain ſa partie , & l'aſſeurer de ne fail-
lir à ſe trouuer audit iour. Par là ils feront ample de-
monſtration qu'ils ne veulent fuir le Combat : & ſi
quelqu'vn des deux vouloit debattre l'aſſiette du
camp

amp qui en auroit esté faite,&s’efforçast d’en chercher quelque autre , il sembleroit qu’il voudroit
trouuer vne fugitiue , qui seroit contre son honneur & luy seroit grandement reprocha ble.

Il faut estimer que les Roys sont si veritables
& obseruent vne telle equité en ces causes de Combat,où l’on debat de l’honneur,qu’ils ne voudroiét
embrasser la cause de l’vn pour diffamer l’autre:
vn Roy genereux suiura tousiours la raison & la
vertu,& ne voudra qu’on le tienne en autre estime
le Combat donc octroyé par le Roy aux deux Cheualiers, les parrains seront tenus d’aller recognoistre l’assiete du camp pour faire esgalle distribu-
tion & departement aux parties du Soleil & du
vent. Afin que l’vn ny l’autre se puissent plaindre
d’aucun aduantage ou desaduantage : car il faut en
tels combats obseruer vne si grande égalité que les
assistans mesmes puissent iuger du droit & de la
raison qui aura esté faite par les parrains:autrement
ils seroient à blasmer d’auoir si indiscretement mis
ces deux Cheualiers au camp. Bref il faut en ceste
ceremonie qu’il n’y ait aucune affection particulie-
re,& que nul ne soit si hardi d’entrer au camp sans
l’expres commandement du Roy & de n’en sortir
que l’on n’aye vaincu son compagnon.

D

De la construction du Camp & quel il doit estre.

CHAPITRE XIII.

E Camp des deux combatans doit estre esloigné de maisons & en lieu separé & particulier, pour euiter l'aduertissement de ceux qui en voudroient donner, & mesme que personne ne soit appuyé sur les cordes: & doit estre construit en lieu plain & net & sans aucun empeschement qui puisse nuyre aux deux combatans de combattre & de desmarcher à leur aise. Et soit tracé & basty de vingt pieds en carré, ou de vingt quatre pour le plus, & de hauteur de quatre ou cinq pieds, & non plus. Il me semble que ceste construction du camp est suffisante. A celle fin que les assistans puissent mieux voir le combat qui s'y fera & d'en parler auec plus de verité. Le camp volontiers est basty de cordes, mesmement quand c'est le Roy qui permet le combat en sa court, & quand c'est en vne armee où le Combat a esté ordonné, il se faict entre quatre picques, ie l'ay veu dresser en ces deux façons: quand le camp est construit de pallissades, c'est volontiers pour ceux qui combattent à cheual & leur faudroit de l'espace plus grande que celle que ie viens de specifier, ce n'est que pour ceux qui combattent à pied ce que i'en ay escript.

Qui doit faire bastir le Camp.

CHAP. XIIII.

L en y a qui sont d'opinion que c'est aux
defendeurs qui ont le choix des armes de
faire bastir le camp : les autres disent que
c'est à l'assaillant qui a l'eslection du camp : sur ceste
diuersité i'opinerois que si le Roy ordonne le combat pres de sa personne qu'il le deuroit faire bastir.
Car puis que les deux combatans s'en sont remis au
iugement du Roy, & qu'il s'est voulu reseruer la de-
finition du combat , par là il fait demonstration
que c'est luy qui le doit faire construire : mais s'il
arriuoit que le Roy les renuoyast combattre hors
de sa court, ie voudrois dire que les deux combattans le fissent construire par moitié , ou que le defendeur qui a l'election des armes fornist les armes
à ses despens , & que l'assaillant fist construire le
camp aux siens. Ie parle tant pour le combat à pied
que de celuy qui se fait à cheual. Et quand aux armes, il faudroit que cela fust reserué à la disposition
de celuy qui les doit presenter le iour du combat.
Et parce que au combat qui se fait à cheual, les frais
en sont beaucoup plus grands , il faudroit que les
parrains d'vne part & d'autre, & les amis qui y seroient appellez pour ce iour trouuassent certains
ouuriers pour le construire, pour estre payé apres
le combat, & selon qu'il en auroit esté accordé par
eux, & du consentement aussi des deux combatans.

Qui touche aux cordes du camp ou à la pallisade, doit
demeurer vaincu.

CHAP. XV.

ES cordes ou les pallissades qui ont esté mises à l'entour du cãp, n'ont esté mises à autre
intention que qui l'outrepasseroit ou la
fausseroit seroit iugé pour vaincu : & où ses cordes
& pallissades n'y seroient, il faudroit faire vn fossé
assez creux & large:posé donc que au lieu du fossé
on y met vne corde ou pallissade qui doiuent seruir
autant que si c'estoit vn fossé, & qui toucheroit le
fossé il est tout certain qu'il tomberoit dedans, &
par ce moyen seroit facile à vaincre,touchant aussi à la corde ou à la pallissade doit demeurer pour
vaincu. Ie dy vaincu si l'on cognoist à l'œil & au iugement des assistans, que la corde du camp auroit
esté si fort pliee & faussee par l'vn des combatans,
que sans l'arrest de la corde il fust tombé dans le
fossé:autant seroit si le cheual de l'vn des combatans auoit esté forcé & acculé contre la pallissade
& l'eust rõpuë,tous deux ie les tiens pour vaincus,ie
demande qui contrainct celuy qui combat de toucher à la corde:mesme celuy qui combat à pied, ie
iugeray que c'est par ce qu'il recule, & faut estimer
qu'il reculeroit bien d'auantage s'il ne trouuoit la
corde qui l'arreste,& en lieu de corde s'il y auoit vn
fossé il tomberoit dedans, & si contre la corde l'on
tient son ennemy acculé à belles estocades qui

est retenu par la force de la corde ne doit-il pas estre
iugé pour vaincu? ie croy que si l'on iugeoit autré-
ment l'on feroit tort à celuy qui l'a ainsi combattu,
le seigneur Hierosme Mussio est de contraire opinion, & dit que pour auoir touché au pallissement
ou corde, ou estre sorti vn des membres hors de la
lice, que pour cela on n'est point vaincu , & qu'il
faut poursuiure la bataille iusques à la mort, fuitte
ou desditte, de l'vn, toutesfois il y adiouste s'il n'y a-
uoit autre capitulation faite entre eux, car qui ca-
pituleroit autrement, il seroit besoin d'accomplir
tous les poincts & articles du traitté, sous la peine
qui y seroit contenuë : toutesfois ie n'approuue
point ceste capitulation & dis sans capituler que les
combatans ne doiuent point toucher, ie dis fausser
la corde ou la pallissade du camp : & si mon opinion
n'est trouuee bonne de tous ie vous declare que ie
ne le dis que pour ceux qui la voudront suiure. Le
Roy François premier permit vn combat en ce
Royaume à deux estrangers espagnols l'vn se nommoit Iulien Rommaire, & l'autre le Maure : ils combatirent à cheual, le cheual de Iulien fut tué, le
Maure n'eut autre astuce que de gallopper son cheual tout alentour de son ennemy, son cheual estant
hors d'aleine il fut contrainct de descendre, & met-
tant pied à terre Iulien Rommaire se jetta promptement à luy le met par terre l'espee en la gorge, le
Roy y estoit present, qui dist se sont deux coquins
qui ne valent pas la peine qu'on assiste à leur combat. e fut Iulien Rommaire qui estoit cy deuant
quant l'armee du Roy Henry deuxiesme passa au

pays du Liege, en reuenant de Marzenbourg lequel
rendit la place, ie voudrois iuger que le combat à
pied est beaucoup plus digne du cheualier, que
n'est le combat à cheual : aussi est-il le plus en vsage
& duquel les Cheualiers doiuent faire plus de gloire & de profession.

Que le defendeur doit entrer le premier dans le camp
auec les armes desquelles il veut combattre.

CHAP. XVI.

LE defendeur qui a presenté les armes à l'assaillant doit entrer le premier dans le camp
puis qu'il y est appellé, & se doit tenir coy &
arresté, attendant son ennemy. Et comme l'assaillant sera entré dans le camp doit le defendeur se
presenter & auancer pour faire preuue de la volonté qu'il a de combattre son ennemy, non pas d'attendre que l'assaillant l'aille chercher iusques en la
place, & au lieu où il l'a premierement apperceu : ce
faisant il feroit vn erreur : mais ie dy que comme le
defendeur verra l'assaillāt venir vers luy, aussi doit-
il estre prest à desmarcher vers son ennemy, & tous
deux se trouuer à la moitié du camp & là comman-
cer à démesler leur querelle : mais de dire que si le
defendeur cognoist que son ennemy ne soit prōpt
à le venir assaillir, qu'il se doit tenir arresté iusques
à ce qu'il le vienne charger : ie ne suis de ceste opinion : car puis qu'il sont tous deux dans le camp, ils
ne doiuent point marchander au combat & y sont

engagez auec leur honneur, à quoy ils ne peuuent
fuyr que l'vn ou l'autre n'aye obtenu la victoire,
toutes les ceremonies qui doiuent estre obseruees
en leur querelle & en leur combat ont esté debatuës & vuidees deuant que d'y entrer: Et quand ils
y sont il n'ont plus que à iouër de l'espee, ou des armes qui leur ont esté presentees. I'aduoüe vraymét
que c'est à l'aissaillát de chercher son ennemy pour
tirer raison du tort qu'il luy a faict. Aussi est-ce au
defendeur de ce presenter & offrir à luy satisfaire.
ce n'est pas se presenter que de se tenir coy, il faut
qu'il aduance & vienne droit à son ennemy. Le seigneur Hierosme Muffio est d'opinion que le defendeur se peut tenir coy, & tout ce qu'il feroit auant
qu'il vist son ennemy en chemin pour l'assaillir seroit superflu: si cela auoit lieu ce seroit cóme deux
statues que l'on auroit mis dans le camp qui ne se
bougeroiët: car si le defendeur ne bouge de la place, iusques à ce que l'assaillant le vienne assaillir, & si
l'assaillant ne le va aussi chercher, sont-ce pas deux
personnes que l'on a mis dans le camp qui resem-
blent à des statues, car ces deux combatans y ont
esté mis pour debattre de leur querelle, & toutesfois ils ne bougent de leur place. Pourtant il faut
que tous deux s'aduancent au combat qui leur a
esté ordonné & que tous deux le démeslent.

Que les parens ne doiuent aßister aux combats qui
sont ordonnez en camp clos.

CHAPITRE XVII.

Es parens doiuent euiter ce spectacle qui est trop pernicieux & certe doit estre odieux à tous ceux qui se presentent à le voir, encores qu'il ne fussent parens. Les amis semblablement le doiuent fuir : tous les sages craindront de se trouuer à voir iouer vne telle tragedie. Aussi le ieu n'est pas beaucoup plaisant & moins agreable à ceux qui ont du iugemét: ie demáderois volótiers quel contentement l'on peut receuoir de voir cóbattre son frere ou proche parét & son intime amy, où deuant leurs yeux ils cognoissent qu'il y va de la vie. Ie conseille à tous les parens de ne se trouuer la où l'on ioüe des cousteaux : car il seroit malaisé que voyant son frere ou proche parent en peril de sa vie, qu'il ne luy donnast quelque aduertissement, il est plus sagement fait de s'en retirer: nous en parlerons au chapitre suiuant.

Que

Que l'on ne doit parler apres que les Cheualiers sont entrez au Camp.

C A A P I T R E XVIII.

Vand les deux Cheualiers sont entrez au Camp, le Roy doit faire publier vne ordonnance que à peine de la vie aucun de l'assistance quel qu'il soit, fussent-ils, freres, parents ou amis, ne facent aucun signe, soit de pieds ou de mains, ou de parolle, ou pour tousser que fust fait en faueur de ceux qui combattent : en fin il y est requis vn tel silence que tous les assistans puissent entendre ce que les deux Cheualiers pourront faire ou dire : & s'il se trouue quelqu'vn que apres ceste publication soit si temeraire d'auoir outrepassé l'ordonnance que sa Maiesté auroit faite, il merite punission de mort : d'autant que c'est vn lieu où l'on debat de l'honneur, & le Roy en cela s'y doit porter iuge rigoureux, sans exception de personne. C'est vn fait qui est de telle importance, que où il se debat de la vie & de l'honneur, il ne s'y doit point faire de tromperie, il est certain que celuy qui l'auroit faite meriteroit vne grande punission, voire vne mort honteuse : & ne pourroit estre receu d'alleguer l'amitié fraternelle qu'il l'auroit transporté. Telles excuses ne sont pas receuables il vaudroit beaucoup mieux s'en absenter.

E

De ce qu'il est besoin que les vainqueurs obseruent leiour
du Combat.

CHAPITRE XIX.

'Ordonnance du Combat est depuis le Soleil
leué iusques au Soleil couché:& qui ne veri-
fie son dire,& ne le preuue durant ce temps ne peut
plus estre receu à combattre ceste querelle:
c'est l'opinion commune de tous les Docteurs qui ont escrit des combats, ie desire toutesfois de disputer ceste raison : non que ie
vueille varier en leur opinion : car ie sçay qu'ils
ont tant de bon sçauoir que ie ne puis aller qu'a-
pres eux,&me reputeray assez sçauant quand ie sui-
uray & imiteray leur belle doctrine:mais pour esclaircir vn peu ceste matiere. Ie proposeray vne
question:sçauoir,si les deux Cheualiers tout le iour
du combat ne se sont peu vaincre,ny par mort,ny
par blesseure,tellement que toute l'assistance a recogneu vne braue valleur &vne singuliere hardiesse en ces deux cheualiers qui n'ont espargné leur
vie,la nuict les a surprins en debattant vaillamment
leur querelle,ie demande aux iuges lequel des deux
doit demeurer vaincu ? puis qu'il faut que i'en die
mon aduis,il me semble que le combat se deburoit
remettre,si les Cheualiers estoient en ceste volonté
auec la permission du Roy:ces deux Cheualiers qui
sont entrez en Camp , ne se sont pas separez d'eux

mesmes, ny de leur propre volonté , mais la nuict
leur à fait finir leur Combat. Ie dy là dessus qu'ils
ont employé leur vie. Et si l'assaillant a eu affaire à
vn vaillant homme, il n'est pour cela à dire que le
defendeur ne soit aussi vaillant , puis qu'ils en ont
fait telle preuue qu'ils en doiuent estre loüez & e-
stimez. Et pour ceste raison ny l'vn ne l'autre ne
doit demeurer vaincu pour ce iour, mais doiuent
tous deux estre iugez egaux combatans, parce que
tous deux ont debatu leur querelle & y ont satisfait valeureusement , & si le Roy les iuge egaux
combatans, ils se doiuent contenter & n'entrer plus
au combat pour ceste querelle: parce qu'ils sont demeurez en pareil honneur. Il me semble que ie ne
suis point hors de propos & croy que si mon opinion est bien goustee l'on y trouuera quelque chose approchát de la raison. Ie passeray outre & vien-
dray au iour du combat finy. Celuy qui sera victorieux doit demeurer le dernier dans le camp, & son
ennemy en doit sortir le premier, le vainqueur doit
appeller le Roy & toute son assistance, si son ennemy se rend à luy d'entendre le dire de son aduersaire, afin que luy & toute sa compagnie en puisse
porter bon tesmoignage & sur cela le vainqueur dira à son aduersaire qu'il pose les armes & qu'il se
rende à luy: estant rendu le parrain du vainqueur le
desarmera , puis le vainqueur le menera hors du
camp, & supplira sa Maiesté de luy faire iustice du
tort que son ennemy luy a fait. Voila la forme que
ie voudrois qui fust gardee le iour du Combat des

deux Cheualiers. Et pour mieux encore l'esclaircir
celuy qui est victorieux, parle volontiers en ces
termes: rend moy mon honneur? la vie & les armes.
Il est donc raisonnable qu'il soit desarmé auant que
sorti du camp & quand à la vie il la laisse à la volonté & discretion du Roy: car encore que l'aduersaire se soit rendu au defendeur ou le deffendeur à
l'assaillant il ne le doit pour cela, le tuer, ce seroit
vn acte de tyrant dont il deburoit estre grandement blasmé, mesme puny & chastié.

Du choix & eslection des armes.

CHAPITRE XX.

Ous ceux qui ont escrit des combats ont
baillé l'eslection des armes au defendeur, &
disent qu'il y a de la raison, d'autant que l'assaillant est tenu de prouuer, & qu'il suffit au defendeur de se bien defendre, ie sçay bié que le Combat
de seul à seul en camp clos sera le plus parfaict & le
plus estimé des Cheualiers où ils desireroient de finir leur querelle en pourpoint, sans aucune eslection d'armes, sinon auec l'espee & le poignard, ou
l'espee seule qui sont armes de Cheualiers. Que le
defendeur seroit tenu de fournir d'esgalle longueur, & que l'aggresseur choisira des deux tel qu'il
luy plaira, ie sçay bien aussi que l'on me dira le contraire, & que l'espee seule encore qu'elle soit en vsage, & que ce combat est le plus prisé des Cheualiers.

valleureux,ce n'eſt toutesfois vn combat honorable,&que c'eſt reſſembler aux beſtes ſauuages& fu-
rieuſes,qui d'vne rage&feroſité grande s'enferrent
eux meſmes ſans apprehender la mort : & que le
Roy deburoit defendre ceſte façon de combattre
à l'eſpee ſeule,ſi ce n'eſtoit que les deux combatans
en fuſſent d'accord:car l'on ſçait aſſez qu'il y en a
qui ſont plus à dextre & plus a droits à tirer des armes les vns que les autres, & ſi l'vn eſtoit plus experimenté à tirer des armes que l'autre, il y auroit apparence grande qu'il pourroit emporter la victoire,encore que ſon droict ne fuſt bon ny legitime:
ce ſeroit choſe ſemblable que vn gladiateur appel-
laſt vn qui n'auroit iamais manié l'eſpee,vn chacun
pourroit iuger que le gladiateur deburoit pluſtoſt
obtenir la victoire pour raiſon de ſa longue experience,& parce qu'aucuns ſont de mon opinion les
autres ne s'y accordent pas,parlons des armes qu'il
faut choiſir le iour d'vn combat & leſquelles ſeront
les plus propres & de celle qui ſont à reietter.

Des armes propres pour le Combat.

CHAP. XXI.

Ous auons palé cy-deſſus que l'eſpee ſeule
eſt la plus vſitee pour le combat & la plus
commune aux Cheualiers,mais parce que
auiourd'huy il ſe practique autrement,& auſſi tous
ceux qui en oppinent veulent demeurer en ceſte

opinion, ie m'y veux bien accorder, ie diray donc
que le Cheualier qui eſt defendeur doit preſenter à
ſa partie aduerſe armes qui ſoient iugees dignes
du combat: car s'il luy donnoit armes non vſitees,
de telle ſorte qu'il ne ſe peuſt manier, ces armes ne
ſeroient conuenables, ny deuroient eſtre receuës: il
faut en produire qui ſoient de telles deffences
qu'elles puiſſent eſtre priſees & tenues pour raiſonnable du Prince, premierement des parrains & des
aſſiſtans, & qu'elles ſoient faites ſelon la diſpoſition
des deux Cheualiers & de leurs corps, car ſi l'vn
eſt gaucher il n'eſt pas raiſonnable qu'il contrai-
gne ſon aduerſaire qui eſt droictier de nature, de
combattre de la main gauche, il faut que tous
deux combattent ſelon leur naturel. Et de dire que
l'on ſe peut auſſi bien ayder d'vne main que de l'autre, il y a des droictiers qui ne ſçauroient rien faire à
propos ny dextrement de la main gauche: auſſi de
bailler des braſſars qui empeſchaſſent de plyer le
bras & des cuiſſeraux les genoux pour garder de
deſmarcher, ce ſeroient armes de tromperies: mais
ſi vn droictier de nature eſtoit eſtropié du bras
droict & pour ceſte raiſon ſe fuſt fait gaucher, ie
ſerois d'opinion qu'il deuroit côtraindre ſon ennemy de combattre de la main gauche comme luy, &
luy pourroit bailler vn braſſard qui luy pourroit
empeſcher le bras droit, auſſi s'il eſt boitteux & de
meſme membre qu'il eſt eſtropié, de meſme peut-
il gaigner ſon ennemy. Auſſi vn qui auroit perdu vn
œil luy bailler vne bourguignotte qui luy cache le

ſien,en cela il y auroit bien de la tromperie euiden-
te:mais ſi les deux Cheualiers ſont ſains & de pareille diſpoſition,de meſme aage & de pareille force,de quelles armes les voulez-vous faire combattre?d'autant que ſi le defendeur preſente armes qui
contraignent ſon ennemy,c'eſt prendre&chercher
vn aduantage ſur luy:car vous voyez auiourd'huy
forces inuenteurs d'armes qui ne ſont point raiſonnables ny aucunement en vſage:il faudroit doncques pour me reſpondre que les defendeurs pre-
ſentaſſent armes deffenſiues , & celles que l'on co-
gnoiſtra eſtre les plus honorables & que les Cheualiers auront le plus en vſage & couſtume de combattre en temps de guerre,enquoy les parrains doiuent eſtre curieux de bien obſeruer que en l'election des armes le iour d'vn combat,il n'en ſoit pre-
ſenté qui ne ſoient dignes d'eſtre receues, & digne
d'vn honorable Cheualier:& ſi le defendeur le iour
d'vn combat en preſentoit qui fuſſent nouuelles &
non vſitees,& que le iour du combat aſſigné ſe paſ-
ſaſt pour ceſte diſpute:ie ſerois en cela de l'opinion du ſieur Muſſio,qui dit:que paſſant la iournee
par la faute du defendeur ſans combattre le temps
doit courir à ſon deſauantage , & que l'aſſaillant a
ſatisfaict à ſon deuoir. Au combat l'on vſe de liaiſons & de la luitte, choſe que ie ne puis approuuer
Il ne faut douter qu'il en y a qui ont de la diſpoſition & de l'addreſſe du corps plus que d'autres,& ſe
confians en leur dexterité promptement ſe iettent
à corps perdu à leur ennemy & de force ou d'adreſ-

se le terrace, par la ils obtiennent vne victoire. Cela
ne se fait pas par vne braue & valeureuse façõ de cõbattre: mais pluſtoſt par fineſſe & ie ne ſçay qu'elle
diſpoſition de corps de ſurprendre ſon ennemy. Ie
ne puis eſtimer ce combat, puis qu'il y a de l'eſle-
ction d'armes, l'on ne doit combattre que auec les
armes, & croy que ceux qui le font autrement ne
doiuent eſtre tenus pour Cheualiers valleureux, car
jetter ſon ennemy par terre ce n'eſt pas le cõbattre
c'eſt luitter à limitation d'vn tas de coquins qui ſe
battent à coups de poings, & s'eſgrattignent tout le
viſage. La magnanimité d'vn Cheualier valeureux
ſe cognoiſt en ſa promeſſe & hardy courage, qui ne
veut rien entreprendre qu'il ne reuienne à ſon honneur, & tout ce qu'il fait, ſoit à la guerre ou au combat particulier, il deſire le terminer à ſa loüange &
honneur, affin d'eſtre recogneu pour vn braue &
valleureux Cheualier. Le Cheualier n'eſt point tenu
pour vaillant, s'il redoute quelque choſe: il faut s'il
veut acquerir de la reputation qu'il conduiſe ſa
valleur à vne ſi heureuſe fin qu'il luy en demeure
de l'hõneur, & qu'il ſoit recogneu pour tel. Ie veux
donc dire qu'il doit finir ſon combat auec les armes: & ſerois de ceſte opinion que quand les deux
Cheualiers entreroient en camp il fuſt publié que
pas vn des deux combatants n'euſt à ſe prendre au
corps. Ie demanderois volontiers ſi cela auoit lieu
que ſeruiroit le choix des armes & de l'eſpee ? Ie
ſçay que les liaiſons ont eſté vſitees de tout temps,
& tous les ont approuuees : mais ie ne les puis ap-
					prouuer

prouuer, mefmement en camp particulieroù il fe
debat de l'honneur, & où l'on doit faire preuue de
fa valleur, le plus fouuent par cefte voix celuy qui
auroit le tort obtiendroit la victoiré: voila vne cruauté tresgráde, à quoy le Roy & les parrains doiuét
auoir efgard, i'ay toutesfois veu en l'armee de monfieur de Guyfe qu'il auoit en Italie pour le Roy
Henry II. eftant deuant la ville de Cynitelle au
pays de la Brouffe dans le Royaume de Naple, vn
combat d'vn capitaine de gens de pied & de fon enfeigne, qui fortirent de la ville de Cynitelle pour
quelque different qu'ils eurent enfemble & deman-
derent camp à monfieur de Guyfe, qui leur fut o-
ctroyé entre quatre picques. L'enfeigne faifit fon
capitaine au corps penfant eftre le plus fort, toutesfois le capitaine nommé Semerille, le tint fi ferme
qu'il le contrainct de fe rendre & luy fauua la vie. Il
s'en donna vn autre dans fon camp eftant pres de
Rome, Aprouillan Capitaine auffi d'vne compagnee de gens de pied contre vn autre capitaine Ita-
lien, lequel eftant dedans le camp fe jetta au corps
de Prouillan qui eftoit foible & fut vaincu. I'en parle par maniere d'aduis: ie m'en remets toutesfois à
ceux qui ont de l'experience & plus de fçauoir pour
en iuger de ce qu'ils cognoiftront eftre bon.

F

Si le Prince peut interrompre le Combat.

CHAP. XXII.

'EST chose qui n'arriue pas souuent , &
presque point qui le Roy separe les deux
Cheualiers du Combat , quand vne fois ils
ont entré au camp, c'est la commune opinion qu'il
les doit laisser paracheuer le combat : & plusieurs
pensent que si le Roy les separoit qu'il feroit contre
le deuoir de sa foy promise. Ie respondray à cela
que le Roy leur ayant permis le combat,& les combattans estans entrez dedans le camp,& debattu leur
querelle,ie croy que iusques là il a satisfait à sa promesse,& que les deux Cheualiers sont esgaux en
valleur,& que tous deux sont braues & vaillans,ne
voulant perdre deux si braues gentilshommes estás
accompagnez de l'honneste deuoir que Dieu commande aux Princes d'obseruer à l'endroit des Cheualiers: que sont aussi œuures pitoyables que de
sauuer tels vaillans hommes,quand il les separeroit
en ceste maniere i'estime que cest acte en seroit vertueux & fort louable,& leur commáder par sa garde
auec l'aduis des deux parrains poser les armes & les
tenir vers luy. Semblablement de ne cóbattre plus
pour ce subiect pourlequel ils sont entrez en cáp,&
qu'ils ont occasion tous deux de se contenter de la
preuue qu'ils en ont faite :mais si l'vn des deux e-
stoit blessé & l'autre ne le fust pas,il feroit tort à ce-

luy qui ne l'eſt pas de les ſeparer que premierement
il n'euſt cogneu ſon compagnon bleſſé , alors ils
pourroient eſtre ſeparez.

Si les deux Cheualiers eſtans dans le Camp peuuent chan-
ger de querelle.

CHAPITRE XXIII.

E croy que ſi l'vn des deux Cheualiers eſtát
dans le camp diſoit à l'autre qu'il eſt meſchant, & qu'il luy reſpondiſt de ſa bouche
qu'il n'entend de le combattre ſur la premiere querelle, mais ouy bien ſur celle qu'il l'appelle meſchant, luy donnant vn deſmenty: i'eſtime que pour
cela ils n'auroient point ſatisfaict à la premiere
querelle: car il n'eſt pas permis de changer de querelle que la premiere ne ſoit vuidee, pour laquelle le
camp a eſté octroyé. Mais pour changer de querelle pour cela ie ne voudrois oppiner qu'il fuſt
vaincu: il faudroit attendre l'yſſuë de la ſeconde, &
s'il eſtoit victorieux de routes les deux, lors ie dirois
que celuy qui a voulu changer ſeroit deshonoré, &
ſi l'vn eſtoit victorieux de l'vne, & l'autre de l'autre,
ie les tiendrois tous deux pour vaillans, & pour honorables Cheualiers: le ſieur Muſſio eſt de contraire opinion, ſa raiſon eſt, parce qu'ils ont entreprins
de combattre pour vne querelle iniuſte, & pourtát
que la victoire de l'vne ne releue de la perte de l'autre, ils pourroient eſtre reputez comme infames, en

toutes autres querelles:c'eſt ſon opiniõ,ie ne laveux
pas toutesfois condamner ny approuuer,mais ſi les
Cheualiers changent de querelle pour vn meſme
ſubiect,ie croirois qu'il y auroit de l'apparéce grande que la querelle ſoit iuſte : comme vne que i'ay
ouy dire,dont ne ſera hors de propos de la mettre
en ce lieu, afin qu'apres ceux qui l'aurõt luë en puiſſent donner quelque iugement. Deux honneſtes
gentils-hommes,de braue valleur & fort grands a-
misne faiſans qu'vne meſme cõuerſation,deuiſans
enſemble priuement,l'vn luy diſt qu'il auoit couché auec vne femme qu'il luy nomma , ceſt autre
luy va redire,laquelle ſe complaignant du deshonneur que ce gentil-homme luy auoit fait de redire
leur priuee conuerſation,elle entra en propos auec
luy à belles iniures:il luy reſpond qu'il n'en auoit iamais parlé,& que celuy qui luy auoit rapporté telle
parolle auoit manty par ſa gorge:celuy qui eſt dementy appelle l'autre au combat &luy mande qu'il
maintiendra luy auoir dit, eſtant en camp : celuy
qui auoit donné le dementy luy dit telle parolles
deuant toute l'aſſiſtance : ie veux entrer en preuue
d'armes auec vous pour vous ſouſtenir que vous
m'auez fait vn meſchant tour d'auoir redit ce que
ie vous auois dit en amy ſidelle , & pour m'auoir
fait vn ſi meſchant acte , ie me battray librement
auec vous,& eſſayeray de vous faire mourir : ils ſe
battirẽt,le Gentil-homme qui auoit dit telle parolle de ſon amy & deshonnoré ceſte femme fut vaincu. Ie dis que ceſte querelle fut bien debattuë , &

sur le mesme subiect de la querelle qui estoit entre
ces deux Gentils-hommes : ce n'estoit point changer de querelle puis que sur le deshonneur de ceste
femme, il combatoit: car quand il dit, d'auoir redit
ce que ie vous auois dit , par là il aduoüe de l'auoir
dit, & quand il dit vous m'auez fait vn meschant
tour d'auoir redit ce que ie vous auois dit en amy
priué & fidelle , par là il change bien de querelle:
mais c'est sur mesme subiect enquoy ie trouue qu'il
est bien fondé , encore n'est-ce pas proprement
changer de querelle: il luy declare, mais il adiouste
qu'il luy a fait vn meschant traict de l'auoir redit.
Quand vn amy vous dit quelque chose d'importance en secret , il ne doit estre redit qu'il ne porte infamie à quelqu'vn en le redisant: la verité toutesfois est qu'il l'a dit , mais la verité est aussi que
vous luy auez fait vn meschant acte de l'auoir dit.
Ie loüerois grandement que quand on voudroit
changer de querelle que l'on ne le declarast point
par parolle, mais sans parler que l'on vsast de quelque artifice où il y eust apparéce de raison & d'honneur tout ensemble: comme deux Cheualiers estás
au camp pour debattre de leur querelle, celuy qui
pensoit n'auoir pas bon droict , tourne le dos &
fait semblât de fuir, l'autre luy crie, le suiuât, tourne
tourne poltrõ, le Cheualier qui fuyoit se retourne
& tue son aduersaire : en fuyant il faisoit demonstration qu'il ne vouloit pas cõbattre sur la premiere, encore qu'il ne l'exprimast point, & en se retour-
nant il faisoit cognoistre qu'il combattoit sur l'in-

ıure que l'autre luy faiſoit de l'appeller poltron : il
auoit raiſon en toutes deux : en la premiere il ne le
vouloit combattre parce qu'il cognoiſſoit qu'il a-
uoit tort, c'eſt la raiſon pourquoy il fit myne de
fuyr en la ſeconde, il tourne parce qu'il eſtoit iniurié :& pour faire preuue qu'il n'auoit faute de courage, monſieur Paris en ſon liure du combat recite
de celuy qui combatant en camp s'eſcria : ie me
rends,& en meſme temps tua ſon ennemy : enquoy
il conclud que l'on doit auoir eſgard au fait & non
aux paroles : ie m'arreſteray fort en ſon opinion.

---

*Des droiɛts qui appartiennent aux Cheualiers apres la
victoire du Combat.*

Chapitre XXIIII.

Outes les armes du vaincu par l'inſtitution
du combat appartiennent au vainqueur,
s'il ne ſe rend à ſon ennemy, il faut ſemblablement qu'il rende les armes : s'il eſt tué, ſon ehne-
my le peut deſpoüiller & les doit emporter comme
eſtant les vrayes marques de ſa victoire, & n'en doit
eſtre empeſché, autrement on luy feroit tort, le
ſeigneur Hieroſme Muſſio fait vn eſtrange diſ-

cours de la personne du vaincu : & dit qu'il doit demeurer prisonnier du vainqueur,& que cela ne luy
doit estre refusé de personne, & qu'il luy peust demander ranson , & mesme se peut seruir de luy ,
& s'il ne peut satisfaire à sa ranson en seruant l'espace de cinq ans en œuure conuenable à Cheualiers,il
est libre , sans que l'on luy puisse demander paye-
ment de ses alimens. Il propose beaucoup d'autres conditions qui seroient trop longues à desduire ie tascheray à y respondre : Premierement
ie diray que le vaincu ne doit demeurer prisonnier du vainqueur , parce que le Cheualier qui
combat pour l'honneur ne tend à autre point
que d'obtenir la victoire , l'ayant euë est-ce pas
assez d'auantage à luy sans retenir le vaincu &
luy faire payer ranson , & les frais qui ont esté
faits à raison de se combat ? ce seroit vn combat de deux vaillans Cheualiers honorables en
faire vn semblable : comme si c'estoient deux paï-
sans qui eussent combattu le Combat de seul à seul
en Camp clos, qui ne se permet seulement qu'aux
Cheualiers qui se sentent iniuriez & qui ont de
l'honneur & de la reputation à conseruer : ils doiuent dõc finir leur combat auec vne honorable fin,
qui est la victoire , auec reparation de l'honneur:
voyla ce que i'ay à dire sur ceste article , venons
maintenant à ce qu'il dit que le vainqueur peut
contraindre le vaincu de le seruir:c'est vne estrange

opinion de ſe ſeruir d'vn Cheualier, ie demanderois en quelle vacation il s'en pourra ſeruir ; il ne le
fera pas ſon palfrenier ny ſon cuiſinier, ce ſont offices trop viles, & s'il ne luy fait du ſeruice en toutes
ces qualitez, il faut dõc qu'il ſoit negotiateur de ſes
affaires , ce qu'il ne luy permettra point , d'autant
qu'il eſt ſon priſonnier. Ie feray vne comparaiſon
de deux Cheualiers qui ont querelle. Le Baron de
Teuoir a querelle au Baron de la Saulay, ils ſont entrez en preuues d'armes , le Baron de la Saulay eſt
vaincu qui eſt riche & ſeigneur de vingt mille liures de rēte, le Baron de Teuoir eſt le vainqueur qui
n'a autre poſſeſſion & moyens que de trois mille
liures de rente: il faut que la Saulay ſoit ſeruiteur
de Teuoir: voila vn Gentil-homme de bonne maiſon mal traicté, ce ſeroit vn acte pour rendre infame non ſeulement luy, mais toute ſa poſterité & vn
office cruel & du tout barbare: à l'exemple de Tam-
berlam qui vainquit Baſajet en bataille rãgee, le fit
mettre dans vne grande cage de fer , le faiſant trainer apres luy pour luy ſeruir de marchepied quand
il monteroit à cheual. Certes ie ne ſeray iamais de
ceſte opinion: & n'y a loy ny raiſon qui me puiſſent
prouuer que ceſt acte ſe doit faire entre Cheualiers
d'honneur, peut-eſtre que ceſte ordonnance là qu'il
donne des priſonniers, ſeroit bonne en Italie encores en quelques endroicts, & non en tous : mais en
France cela ne ſe peut pratiquer ny moins ſouffrir,
& le Roy, les Princes , ſon conſeil , ny ſa nobleſſe
ne le permettront pas , comme choſe qui ſeroit

toute

toute inique & faite sans raison & iugement : si cela
auoit lieu il ne faudroit plus que dresser vne poten-
ce au pied du camp pour y faire pendre le vaincu.
Il ne faut point chercher vne plus grande honte &
plus grande punition au vaincu , que celles que les
ordonnances des combats luy ordonnent.

De celuy qui aura accepté le combat, & ne se trouuera au
iour assigné.

CAAPITRE XXV.

Vand le Roy a permis aux deux combatans le combat , il faut pour leur honneur qu'ils ne fassent faute de se trouuer
au lieu assigné , & quand l'vn des deux
combatans fera ceste faute de ne se trouuer au iour
qu'il luy aura esté donné, cela luy doit estre imputé
pour infamie & couardise. Voyla pourquoy le
Cheualier d'honneur & de valleur doit plustost
choisir la mort que d'endurer vn tel reproche si ce
n'estoit qu'il fust tombé en vne extreme necessité
de maladie , qui le contraignist de garder le lict
comme impotent , lors il est du tout exempt du
combat, & en ce cas il ne peut estre noté d'infamie:
mais estant sain & bien disposé, il ne peut estre excusé, il faut toutesfois que le Cheualier face paroistre de ses excuses, & quelles soient bonnes & legi-
times, que l'on cognoisse que la faute ne soit venuë
de son motif, il y a beaucoup de sortes d'empeschemens qui suruiennent inopinement, & qui doiuét

estre receuz des Cheualiers que l'on doit remettre
au iugement du Roy, de son conseil & des parrains
pour en opiner selon que les empeschemens seront dignes d'estre receuz. Il a esté en vsage que si
le Cheualier qui estoit appellé au combat ne se
trouuoit au iour assigné, son ennemy pouuoit faire
trainer ses armoiries par les rues, ou à l'entour du
camp, comme victorieux, & supplier le Roy de le
desgrader des armes & de noblesse. Ceste opinion
ne doit estre receuë entre les braues Cheualiers:
mais bien serois-ie d'opinion que si celuy qui faudroit de se trouuer au camp le iour assigné, son aduersaire pourroit le faire appeller par vn trompette
sçauoir s'il n'est pas en voloté de soustenir & deffendre par les armes, ce dont il est accusé, & doit attendre iusques à Soleil couché, voire à iour failly & demeurer dans le camp, & supplier le Roy de luy faire
cest honneur, puisque son aduersaire à failly au
iour & qu'il ne luy a point fait sçauoir de ses nouuelles de luy en faire iustice. Lors sa Majesté doit
declarer celuy qui est dans le camp victorieux, &
son aduersaire indigne de porter l'espee, & s'il a
quelque grade ou honneur en doit estre degradé
comme celuy qui ne les a pas merités : toutesfois il
peut estre remis en son honneur en faisant quelque
seruice au Roy ou à la patrie, en consideration de
sa noblesse & de la maison d'où il pourroit estre
sorty.

*De celuy qui a esté une fois vaincu en camp, & apres
estre appellé au Combat par un autre, & qu'il est
demeuré victorieux, s'il a pour cela
recouuert son honneur.*

CHAP. XXVI.

E seigneur Hierosme Muffio en son liure
du Combat propose ceste question, & o-
pine: qui l'on doit tenir pour vne maxime que la perte que l'on fait au premier combat
n'est restauree par la victoire que l'on fait du secõd:
& sur ceste question il allegue l'aduis de Alfonso
d'Aualos Marquis du Vast: qui dit que celuy qui sort
vaincu du camp, monstre qu'il a plus fait conte de
sa vie que de son honneur , & que s'il entre encore
vne fois en preuue d'armes, non pour cela il a reparé son honneur, d'autant qu'il est à presumer qu'il a
tanté ceste fortune pour essayer s'il pourroit demeurer vainqueur, auec dessain, neantmoins de se
vouloir sauuer la vie en tout euenement: telle est la
sentence à laquelle Muffio conclud & la tient pour
cheuallereffe. Ie respondray à ceste question & y
adiousteray mon opinion, affin que ceux qui liront
la leur & la mienne en puissent donner quelque
iugement, & de suiure celle qu'ils cognoistront la
meilleure & plus certaine : non que ie vueille con-
tredire aux opinions du seigneur Muffio, ny à celle
du Marquis du Vast, car ie les tiens aussi pour Che-
ualereffe, & sçay que le seigneur Muffio a autát bien

efcrit du combat qu'homme viuant pourroit faire
& auecques auffi belles inftructions, mais en France les duels & l'honneur du combat fe conduifent
tout autrement, qu'ils ne font aux autres nations,
d'autant que la France eft remplie de nobleffe, laquelle fait profeffion des armes, dont le Roy tire
de tres-grands feruices , & pour vn auquel feroit
furuenu vn defaftre ou quelque autre accident en
vn combat, pour cela le Gentil-homme François
n'en demeure deshonnoré , eftant la fortune telle
qu'il fe trouuera en lieu où il recouurera la perte
qu'il a faite & fon honeur tout enfemble. En France le Gentil-homme a continuellement les armes
en la main, de maniere que tel aura debat à vn dont
il demeurera victorieux : & apres prendra debat à
vn autre, & perdra la victoire : pourquoy ne fera-
il eftimé en l'vn & l'autre combat, au premier les armes lu y ont ris: au fecond elles l'ont desfauorifé, &
toutesfois aux deux combats, il a fait preuue de fa
valleur: ie propoferay vne exemple : pofons le cas
que Scipion & Annibal ont querelle , & font entrez en camp pour la finir, Annibal fort du camp
vaincu, Scipió eft le vainqueur: Scipion de là à quelque temps entreprend vn autre combat contre
Marc-Anthoine où Scipion pert la victoire , &
Marc-Anthoine demeure victorieux, faut-il que
Scipion demeure deshonoré pour ce fecond combat, & qu'il perde l'honneur qu'il s'eftoit acquis au
premier? Ie m'affeure que tous les Cheualiers qui
entendent l'exercice des armes opineront que
non, & qu'il peut entrer en preuues d'armes contre

rous ceux qui le voudront appeller, nonobstant la
perte qu'il a faite au second combat. Or retournons
à noftre exemple afin de faire plus euidente preuue
de mon dire. I'ay dit que Marc-Antoine eft demeuré victorieux de Scipion, qui auoit vaincu parauant
Annibal, il arriue que Annibal à debat à Marc-Anthoine eftant entré en camp, Annibal eft le vainqueur, Marc-Antoine demeure vaincu : en ce
combat Annibal a-il pas recouuert fon honneur,
& effacé la perte du premier combat qu'il auoit eü
contre Scipion? ie dis que ouy. Ie diray donc que
tous Cheualiers qui ont le cœur, la hardieffe, & l'af-
feurance d'entrer en camp clos pour debattre leur
querelle qu'ils font affez de preuue de leur valleur&
de leur hardy courage : & n'eft point à prefumer
qu'ils entrent en camp pour combattre, & effayer
de fauuer leur vie tout enfemble. Mais il y a beaucoup plus d'apparence que c'eft pour y faire vn
braue exploict d'armes, enquoy ils expofent leur
vie librement à quelque peril qu'il en puiffe arriuer,
car il n'eft pas vray femblable que vn Cheualier entre en preuue d'armes l'efpee au poing pour fauuer
fa vie, c'eft pour battre ou tuer : & puis ie demande
pourquoy la condition ne doit eftre auffi bonne
pour celuy qui eft vaincu au premier combat, que
pour celuy qui eft vainqueur, & puis apres vaincu? il me femble qu'elle doit eftre pareille. Ie fçay de
braues Gentil-hômes qui n'ont iamais fait à coups
d'efpee, & n'ont point efté à la guerre où il s'eft rédu

G. iij

combats qui n'ayans esté blessez , il faudroit donc
qu'ils demeurassent deshonorez & qu'ils ne portassent plus d'armes, cela est hors de raison & ses opinions doiuent estre mieux examinees : i'opineray
donc que celuy qui a esté vaincu au premier combat ne doit pour cela estre refusé à vn second, & s'il
en demeure victorieux, il doit estre tenu pour braue Cheualier. Quand vn Cheualier est declaré in-
capable de n'entrer plus en camp pour combattre,
il faut que ce soit fait par expresse ordonnance du
Roy, ce qu'il fera malaisement en contemplation
de la race & de sa posterite : si ce n'estoit que l'accusation qu'on luy a faite, soit auerce : encore est-il necessaire qu'elle soit capitalle & digne de mort : toutesfois sa Majesté peut s'il luy plaist, donner la grace au vaincu, en luy enioignāt de luy faire vn signalé seruice, à fin que tout le mal qu'il poutroit auoir
fait soit effacé par quelque braue exploict d'armes,
& qu'il face preuue de la volonté qu'il a de faire seruice à son Roy. C'est l'vsance de ce Royaume, & ay
veu donner de pareilles sentences de la bouche du
Roy, que ie trouue belles & bien raisonnables pour
le Cheualier : c'est vne maxime que quand le Gentil-homme a fait vne tache à son honneur, il faut
qu'il la repare par les armes, à toute heure que les
occasions se presenteront, afin qu'il face cognoistre
que ce qui luy est arriué ce n'est point faute de courage & de valleur : il y a vrayement des personnes
qui sont heureuses au combat & que les armes fa-
uorisent, les autres sont accompagnees de quelque

siniſtre aduenture, & toutesfois ils ſont vaillants &
hardis, pour ceſte conſideration ils ne doiuent eſtre
rejettez de la compagniée des Cheualiers.

Il faut maintenant examiner plus amplement la
ſentence du Marquis du Vaſt, en laquelle il y a deux
points qui ſont à noter, le premier, quand il dit que
le Cheualier encore qu'il entre en preuue d'armes,
vne autresfois & qu'il ſoit vainqueur non pourtant
ce doit-il dire quil a reparé ſon honneur, attendu
que l'on peut preſumer qu'il s'y ſoit trouué en intention de tenter la fortune pour voir ſi ceſte iournee il pourroit demeurer vainqueur: l'autre quand
il dit auec deſſein neantmoins de ſe vouloir ſauuer
la vie, ne pouuant pis auenir à ſon honneur qu'il
eſt, l'ayant vne fois du tout perdu: voila les propres
mots de ſa ſentence, où ie dis qu'il y a deux points
leſquels ſe repugnent & ſont contraires l'vn à l'autre
C'eſt vne maxime generalle que deux contraires ne
peuuent demeurer enſemble en vn meſme ſubiect,
tellement que de neceſſité il faut qu'il y en aye vn
qui efface l'autre: ſes deux points qui ſont ſortis de
l'opinion du Marquis ſont contraires: qu'il ne ſoit
ainſi, entrer en camp pour tenter la fortune, ſi celle
iournee il pourroit eſtre vainqueur. Téter la fortune, c'eſt hazarder ſa vie ou eſſayer au peril de ſa vie
d'obtenir la victoire, hazardant ſa vie, c'eſt le deuoir d'vn Cheualier valleureux d'acquerir beaucoup d'honneur, il faut donc conclurre que vn
Cheualier ayant beaucoup de valleur & d'honneur
& qui hazarde vaillamment ſa vie en vn combat

pour fon honneur ne doit eftre rebutté ny refufé de l'octroy du combat, encore qu'il ait efté vaincu vne autre fois. L'autre point, quand il dit auec deffein neantmoins de fe vouloir fauuer la vie : ce fecond poinct eft côtraire au premier : car hazarder fa vie en vn combat pour toutesfois la vouloir fauuer, ce font paroles & effects qui fe repugnent & font du tout côtraires, côbattre au hazard de fa vie pour effayer de la vouloir fauuer c'eft chofe qui ne fepeut faire, l'on fçait affez que l'euenement du combat eft incertain, & fi cela arriue c'eft par le fort des armes & de la volonté du vainqueur. Il a efté fait vn combat en France entre deux Cheualiers en camp clos, le vainqueur couppa le jarret au vaincu, eftant par terre le vainqueur luy dit qu'il fe rendift, le vaincu luy refpond ie ne me rendray point, tuë moy. Ce que le vainqueur ne voulut faire, faudroit-il dire qu'il eftoit entré en preuues d'armes pour fauuer fa vie : il n'y auroit nulle apparéce de raifon, puis qu'il luy difoit tuë moy : ainfi eft-il de tous les braues Cheualiers qui entrent en camp pour debattre de l'honneur, ils tendent toufiours de fe maintenir en vne braue reputatiõ, & telle que le Cheualier d'honneur fe doit acquerir : s'il n'y font tuëz pour cela ne doit-on conclurre qu'ils ont plus fait conte de leur vie que de leur honneur : il me femble qu'il me doit fuffire d'auoir debatu fur cefte opinion, i'en laifferay parler à d'autres qui le pourront mieux entendre, ie me contenteray de leur en auoir ouuert le paffage pour en parler plus amplement.

Si l'on doit estre receu de combattre la querelle d'autruy en Camp clos.

CHAP. XXVII.

Ous ceux qui ont parlé du combat sont d'opiniõ que quand vn Cheualier est offencé par vn moindre que luy qu'il peut presenter vn autre pour debattre sa querelle : ou s'il est malade ou qu'il fust en minorité d'aage & non en force pour disputer auec les armes sa querelle : ils nomment ceux-la champions: les vns les appellent combattans, les autres respondans, qui me semble seroit le plus propre: car comme pour vne debte, l'on donne vne caution pour respondre & s'obliger, & à luy seul l'on le peut attaquer, aussi celuy qui respond en l'absence & presence, soit pour celuy qui est en minorité ou foiblesse d'aage s'oblige de respondre en preuues d'armes & combattre sa querelle, il faut toutesfois regarder à ceste question & aduiser si le champion que le Cheualier presentera est digne de respondre à la partie aduerse, s'il est de sa qualité & s'il se peut paragonner au Cheualier qui le veut combattre: & combien que le Cheualier voulust debattre sa querelle auec vn champion ou respondant qui ne fust fust de sa qualité ny son pareil ny en rien semblable, il ne doit pour cela estre permis du Prince, ensemble de tous ces parens. Le Cheualier d'hõneur doit faire preuue d'armes auec

H

vn autre qui ſoit eſgal à luy & nõ autremẽt:car ſi vn
moindre que luy & de nom & d'armes & de qualité,ou roturier le vient à vaincre,il en receuroit dou-
ble reproche , l'vne parce que l'on pourroſt iuger
qu'il n'auroit pas combattu ſur vne querelle iuſte:
l'autre qu'il auroit eſté vaincu par vn homme de
peu & de petite qualité , ie diray toutesfois que
quelque grand ſeigneur qu'il ſoit, il ne luy ſera iamais à honneur de preſenter vn champion pour
combattre ſa querelle contre qui que ce ſoit , s'il
n'eſt Prince. Mais ne portant que titre de Gentil-
homme,il ne peut refuſer vn autre Gentil-homme,
encore qu'il ne fuſt pareil en qualité&ſi l'on y trouuoit vne ſi grande diſparité,le Roy en cela peut v-
ſer de ſon auctorité abſoluë pour les accorder de
leur querelle,& non pas de ſouffrir qu'il combatiſt
par champion.Ie ſuis d'vne opinion que le Cheualier n'aura iamais bon droict de combattre la querelle d'autruy s'il ne la cognoiſt fort iuſte , & croy
s'il le fait autrement que Dieu ne fauoriſera iamais
ce combat. I'ay leu quelque hiſtoire qui eſt propre
d'eſtre miſe en ce lieu.Ce fut que deux ieunes gen-
tilshõmes Geneuois reuenuz de l'iſle de Cypre, eſtás
tous deux dans vn meſme nauire, l'vn ſe nommoit
Ottobon & l'autre Grillo,prindrent querelle,Otto-
bon ne fut plus veu & tous creurent que Grillo
qui eſtoit le plus fort l'euſt ietté en la mer:les parens
de Ottobon en firent plainte au Magiſtrat,ſur ceſte
complainte Grillo fut conſtitué priſonnier,& parce qu'il ne ſe trouuoit ſuffiſante preuue. Le iuge or-

donna que les parties esliroient leur champion
pour venir au combat & y mettre vne fin:les parens
de Ottebon esleurét vn Florentin appellé Caccica,
& pour Grillo vn nommé Piftello de Como, tous
deux eftans entrez en preuues d'armes,le Florentin
demeura victorieux, & le iuge felon la loy que les
Lombards auoient introduite,fit trácher la tefte à
Grillo comme coupable : celuy qui fe prefentera
pour combattre la querelle d'autruy, ce deuroit e-
ftre le fils quand le pere fera vieux & caducque ou
n'ayant point fait l'exercice des armes, s'eftant oc-
cupé aux priueés & menuës affaires de fa maifon.
Le pere auffi peut combattre pour fon fils quant il
eft foible de corps &d'aage:le mary pour l'honneur
de fa femme,& la femme en deffaut de mary & de
fils, peut prefenter vn combattant & refpondant
pour debattre de fon honneur, pourueu qu'il foit
Cheualier d'honneur contre vn autre Cheualier:le
frere pour fon frere & pour fa fœur,les parens proches en confanguinité : comme ceux qui veulent
participer en la querelle de leurs parens. Les Docteurs qui ont efcrit du combat, difent qu'il peut
arriuer des cas que le feigneur contre fon feruiteur
eft tenu de prédre les armes en perfonne & en bail-
lét quelques raifons,& pareillemét du feruiteur,au
feigneur : ie ne voudrois confentir à cefte opinion
que le feruiteur peuft debattre vne querelle particu
liere auecque só maiftre,& ne voy point qu'ó puiffe
baftir vne querelle pour quelque occafion que ce
foit:vn feruiteur eft ferf qui n'a aucune qualité en

H ij

luy mais eſt du tout indigne de combattre ſon
maiſtre en camp clos, les loix condemnent bien le
vaſſal qui entreprend contre ſon ſeigneur de fe-
lonnie, & en ce regard le ſeigneur peut confiſquer
le fief de ſon vaſſal: telles querelles quand elles ſur-
uiennét doiuét eſtre vuidees par la iuſtice & nó pas
par les armes, le Roy les doit condamner de ſuiure
ceſte trace & maintenir le ſeigneur en ſon droiĉt,
quand le vaſſal ſe desbordera de ſon debuoir.

Des manieres des deſmentiz.

CHAP. XXVIII.

CEſte matiere des deſmentiz doit eſtre bien
entendue pour la difficulté qui s'y trouue,
& ne ſache pas beaucoup de perſonnes qui
ſe ſoient meſlees d'eſcrire de ceſte queſtion qui ne
l'ayent trouuee trop difficile : & pluſieurs en
ont parlé fort diuerſement. Ie priray le lecteur de
ſuiure l'opinion de ceux qu'il trouuera la plus raiſonnable. Pour ſuyure donc mon propos: il y a pluſieurs ſortes de deſmentiz, les vns ſont certains, les
autres ſont conditionnelles, les autres ſont generaux. Les certains ſont ceux qui ſe diſent auec aſ-
ſeurance des les auoir veuz, ouys, ou ouy dire : car
il n'y a pas plus certain teſmoignage ny vne plus veritable teſtification que ce que l'œil a veu , & que
l'oreille a entendu, & à quoy nous nous deuons le
plus arreſter, meſmement quand il ſort de la bou-

che d'vn homme de bien Et d'vn Gentil-homme
d'honneur & quand le contraire leur est obiecté, ils
peuuent donner vn desmenty, & ce desmenty , est
appellé certain: comme par exemple, si ie m'adres-
fois au seigneur Fabrice, luy tenant telles parolles,
Seigneur Fabrice tu as dit en compagnee de plusieurs seigneurs que i'estois traistre au Roy, & qu'il
ne se deuoit point fier en moy, ie te maintiét que tu
as máty, ce desmáty est certain & particulier, particulier d'autant qu'il parle à celuy qui a mal parlé de
luy: & certain parce qu'il est testifié par Gentils-hómes notables & dignes de verité qu'il a tenu telles
parolles de luy : car si l'on n'auoit pas suffisante
preuue de ce que l'on obiecte à son ennemy , le seigneur fabrice en ce cas seroit bien fondé de donner
vn desmanty & de prouuer de n'en auoir iamais
parlé. Mais aussi son aduersaire l'ayant prouué par
tesmoins notables , & dignes de foy le peut tous-
jours desmantir , ce qui s'appellera vn desmanty
certain & legitime , & Fabrice ne pourroit entrer
en camp pour debattre le contraire de ce de-
manty. Tous les vaillans Cheualiers doiuent vser &
le tenir pour vray & legitime , sans aller chercher
tant de fascheuses trauerses en leurs querelles & des
desmantys mal à propos , où bien souuent il n'y a
nul fondement, ce que bien souuent tourne à leur
deshóneur, nous parlerós à ceste heure des desmátis
generaux. Ie dis que quand on donne vn desmanty en termes generaux , que le desmanty ne doit
estre receuable comme pour exemple, quicóque a
dit que i'ay fuy de la bataille a manty , ce desmenty

H iij.

n'oblige persõnede y refpõdre parce qu'elle n'eft pas
legitime:il y a vne autre defmãtye generalle:com-
me pour exemple:feigneur Paufle, tu as mal parlé
de mon honneur,pour cefte raifon tu as menty, &
parce qu'il ne fpecifie point la parole de laquelle il
fe fent offencé en fon honneur, cefte defmantye fe
nomme generalle,& confeille à tous bons Cheualiers quand ils voudront repouffer l'iniure qu'on
leur aura faite, qu'ils n'vfent de cefte defmantye:
car s'il arriuoit que le feigneur Paufle refpondift
que ouy,& qu'il luy produift vn autre acte qu'il auroit fait,duquel il fe foubmettroit de faire preuue,
alors Paul pourroit dire que c'eft luy mefme qui en
a menty, voila pourquoy il fe faut bien garder de
donner des defmentiz generaux,&toufiours nommer l'iniure pour laquelle l'on entend de donner
vn defmenty, parlons maintenant des defmentiz
conditionnels, ce font ceux qui fe donnent auec
condition:comme par exemple, fi tu as dit que i'e-
ftois vn volleur tu en as menty,à ces defmentiz l'on
peut refpondre:s'il y a homme qui me vueille accu-
fer de l'auoir dit, il en a menty, ou bien trouuer
quelqu'autre fubiect pour deftoürner cefte accu-
fation:à ces refponces il faut eftre fage & bien ad-
uifé.Car le Cheualier qui eft foigneux de fon honneur fe doit fi bien conduire qu'il ne foit trop
prompt & temeraire d'auancer des parolles ny des
defmantyz qui le fiffent tomber en vne faute
grande, & toufiours fe tenir auec l'honneur & le
bon droict de fon cofté.

De la forme & maniere du desmenty & comme le Cheualier s'y doit conduire.

CHAPITRE XXIX.

'AY touſiours eſté de ceſte opinion, que la plus part des querelles qui ſe font auiourd'huy procedât à l'occaſion des mocqueurs & meſdiſans, & qu'il deſplaiſt grandement à vn homme d'honneur de ſe voir mocqué & brocardé en vne bonne compagnee, vſer de replique d'où naiſſent les deſmentiz. Ceſte inſoléce deuroit eſtre chaſtiée & reprimee du Roy & de ceux qui en pourroient auoir la cognoiſſance, & s'il arriuoit qu'il y allaſt de l'honneur de celuy qui ſeroit offécé il ſeroit contrainct d'y proceder par les armes: ce mot de *deſmenty*, deuroit eſtre reprimé: auſſi ie n'ay iamais eſté de ceſte opinió telles querelles fuſſét bónes ny moins qu'elles deuſſét eſtre tollerees du Roy, & quelque accuſation que l'on puiſſe faire, le defendeur n'aura iamais d'honneur de donner vn deſmenty. Il ſuffit quand il eſt accuſé de quelque crime qu'il reſponde que c'eſt choſe fauſſe & ſuppoſee, & qu'il le maintiendra auec les armes: cela eſt reſpondre auec beaucoup d'hóneur en ſa querelle. Ie ſupplie tres-humblement ſa maieſté d'auoir l'œil à ce que les deſmentiz ne ſoient ſi legerement donnez & en faire expreſſe ordonnance & vn edict general que entre Gentils-hommes l'on n'aiſt à ſe deſmentir

auiourd'huy les defmantiz font auffi familiers
entre les gentils-hommes, comme auec les croche-
teurs qui fe defmantent à tous propos , fans acception de la confequence du merite de leur querelle:
& encore moins de leurs perfonnes & qualitez:& fi
l'on appelloit quelqu'vn en iuftice pour auoir reparation d'vn defméty on fe mocqueroit, mefme entre gentils-hommes qui font profeffion de l'honneur. Le Roy François premier dift vn iour en prefence de beaucoup de gráds feigneurs de fó Royaume, que celuy qui enduroit vn defmanty n'eftoit
pas homme de bien:il le difoit à caufe de l'Empereur Charles cinquiefme qui auoit dit beaucoup de
mauuais propos de luy, lequel il auoit defmanty par
ces heraux d'armes : mais cefte parole fortie de la
bouche d'vn fi grand Roy fut occafion que les va-
lets mefme fe tuoient pour des defmantis, & ce fai-
foiét de grands meurtres:voila cóment le Roy doit
abollir tous les defmétis & faire vn credit qui por-
taft peine, comme i'ay dit cy-deffus, afin qu'il n'y
euft vn feul en fon Royaume, ayant permiffion de
porter l'efpee ou non, qui ofaft defmantir vn autre
& celuy qui dementiroy (cy ce n'eft fur vne iniure,
laquelle eftant prouuee pourroit rendre infamé
ou digne de mort celuy qui l'auroit receuë) l'on luy
doit faire reparer fon menfonge, & les iniures legeres qui fe difent par colere fe repoufferont auec vne
negatiue plus douce, & fans donner de defmenty.
Car le gentil-homme faifant profeffion de l'honneur aura plus d'honneur de repouffer l'iniure qui
                                        luy

luy a esté faite, auec l'espee qu'auec vn desmenty, il
y en a qui sont si peu considerables en leur langage,
que estans bien accompagnez trouuant leur ennemy seul, ils luy donnent vn desmenty, ce desmenty
doit estre nul, comme estant donné auec auantage.

De la Supercherie.

CHAPITRE XXX.

Vand quelqu'vn a pris vn autre à son aduantage, cela a tousiours esté tenu pour
vne supercherie, & pour vn acte de poltron: comme si quelqu'vn voulant tirer
raison d'vne iniure que l'on luy aura faite, & estant
bien accompagné & le plus fort vient assaillir son
ennemy, cela se doit nommer vne supercherie des-
ordonnee faite par vn qui a aussi peu d'honneur &
de vertu pour paroistre entre les vaillans hommes
que de courage pour demander cap à cap sa raison
de l'iniure qu'il auroit receuë: mais au contraire qui
rend des preuues tres-manifestes de sa lascheté, &
du peu de courage qui est en luy : celuy qui a esté
attaqué de la façon n'en doit demeurer deshonnoré bien que vaincu: car qui est celuy qui se peut garder d'estre prins en trahison ou aduantageusemét?
Ie croy qu'il est impossible que l'on se puisse garder de la meschanceté qu'vn meschant homme, a
enuie de faire. Et s'il estoit que quelqu'vn eust of-

fenſe ſon ennemy ou autre à ſon aduantage, on
luy pourroit reſpondre ſi le bon heur m'euſt tãt fa-
uoriſé que nous nous fuſſions rençontrez ſeul à ſeul
tu te fuſſe bien gardé de m'offencer, que ſi tu as l'aſ-
ſeurance de te preſenter ſeul, & que i'endure quelque choſe qui deſroge au deuoir d'vn honneſte
homme, tu auras lors occaſion de me tenir pour vn
poltrõ & ſans courage: ie ſupplie toute la cõpagnee
qui eſt auec toy de bien entẽdre mon langage, afin
qu'elle puiſſe rendre teſmoignage de ce qui ſe paſſe
auiourd'huy entre toy & moy. Et toutesfois celuy
qui eſt ainſi offencé eſt tenu d'en faire inſtance,
voire auec le prix de ſon ſang & de ſa vie, & eſſayer
d'auoir ſa raiſon par les armes, & ſupplier le Roy inſtamment luy permettre le combat, comme tenant
ſa partie aduerſe pour vn Cheualier laſche de cœur
& indigne de porter l'eſpee, qui n'a oſé l'appeller
ſeul à ſeul, mais à ſon aduãtage l'a outragé. Il eſt bié
requis quant'vne telle diſpute tombe deuant le Roy
que le motif de ceſte querelle ſoit bien examiné, &
prudemment ceſte cauſe ſoit determinee par ſon
conſeil, ce ſeroit choſe regretable que l'honneur
d'vn gentil Cheualier fuſt engagé par la temerité
d'vn qui eſt ſans iugement & ſans diſcretion, mais
qui enflé d'arrogance ne ſe contente pas d'offencer l'honneur d'vn homme de bien, d'vn honneſte
gentil-homme, mais meſme attente contre ſa propre vie auec aduantage: pour ceſte conſideration le
Roy deuant que accorder le combat ſe doit infor-
mer, ſi la querelle merite le combat ou non, & s'il

n'y a point autre moyen d'en auoir raifon que par
l'efpee, car ie croy que fi l'acte a efté fait lafchement
& en mauuais Cheualier que fa Majefté iugera cefte
caufe debuoir meriter vne punition exemplaire, ou
d'en faire vne honorable reparation : & penfe que
l'on feroit grand tort à vn Cheualier d'honneur &
d'honorable reputation de le forcer à combattre
celuy qui l'aura fi griefuement & lafchement offencé:& parce que c'eft vne difpute qui arriue quelquesfois entre les gentils-hommes, le Roy doit
prendre la cognoiffance de cefte caufe, & l'embraffer fi dextrement, & auec telle affection qu'il con-
traigne celuy qui auroit offencé vn Cheualier
d'honneur lafchement & à fon aduantage, d'en faire vne honorable reparation , & le contraindre de
luy dire qu'il l'a offencé à fon aduantage, &aduoüer
qu'il a lafchement fait & non en Cheualier d'honneur,& s'il l'euft prins feul à feul qu'il ne l'euft fceu
faire à fon aife, qu'il n'en euft peu tirer fa raifon. La
fatiffaction eft fuffifante puis qu'il recognoift fa
faute: d'autant que celuy qui aduoüe d'auoir fait
vne lafcheté eft grandement defhonoré : car qui
ne procede cheualeureufement en vn combat fait
preuue qu'il n'eft pas affez hardy de s'y trouuer cap
à cap auec celuy qui le veut tuer traitreufement.

I ij

Du coup de baston, & du soufflet.

CHAPITRE XXXI.

IE n'ay iamais veu chose où les gétils-hommes & Cheualiers d'honneur ayent prins plus de desplaisir & qui ait esté plus odieux à la noblesse & aux Cheualiers d'honneur que de debattre & decider leurs querelles & differents à coups de bastons : c'est vn acte du tout abiect fait contre tout droict de Cheuallerie , & en quoy le Roy deuroit estre rigoureux Iuge & seuere. Telles iniures se font par vn mespris que l'on fait de celuy auec lequel l'on prend querelle, ou bien par quelqu'orgueil & presomption qu'on a de soy-mesme. Quel supplice ie vous prie deburoit souffrir vn audacieux & temeraire qui abandonnant tout honneur & respect, attaqueroit vn honneste gentilhomme à coups de bastons ? Cet acte de verité me semble ne meriter aucune excuse, mais au contraire deuroit estre vangé selon la qualité de ceux qui auroient esté outragez de ceste façon. Vn fol qui auroit l'esprit esgaré deuroit estre excusable : mais celuy qui est sain d'entendement & plain de raison ne le peut aucunement estre : si ceste cause est appellee deuant les iuges, ils ne pourront condamner le coupable de tel fait à la mort : mais bien à quelque amende pecuniaire & à quelque legere reparation.

Encore faut-il y employer beaucoup de temps &
consommer de son bien auant que d'en pouuoir tirer quelque reparation. Comment faut-il donc
qu'vnChcualier d'honneur tire raison d'vn coup de
baston qui luy aura esté donné? Ie ne sçache point
d'autre moyen que son espee auec ce qu'il a de vie
pour en tirer sa raison, autrement s'il ne le fait ainsi
il est deshonoré. Pour ceste raison le Roy, quand
ceste querelle est paruenuë en sa cognoissance doit
si dextrement examiner ce villain acte, que celuy
qui a receu l'iniure d'vn coup de baston en soit suf-
fisamment satisfaict : & doit condamner celuy
qui a baillé le coup de baston d'estre priué de l'honneur du Combattant qu'il viura, luy enioignant
de ne iamais porter espee ny autres armes, comme
celuy à qui il n'appartient pas de porter iamais armes, parce qu'il en mesprise l'vsage aux querelles
qui sont conuenables au Cheualier d'honneur, &
aussi de ne pouuoir iamais appeller homme au
combat & deffendre à tous autres de l'y appeller,
parce que ayant l'espee au costé il a plustost aymé
frapper du baston: & aussi de ne partir de sa court &
de sa suite d'vn an & de deux, ou de trois, ou pour
tant qu'il luy plaira:& qu'il soit tenu deux ou trois
fois la sepmaine se presenter deuant sa Majesté en
tesmoignage de son obeyssance : & le condamner
de suiure le Capitaine de sa garde qui sera en quartier, afin que tous les Gentils-hommes qui viennēt
ordinairement en sa court cognoissent comme ses
glorieux & temeraires doiuent estre chastiez quand

ils s'oublient tant que de donner des coups de ba-
ſtons aux gentils-hommes, & laiſſent leur eſpee au
fourreau : l'audace & l'inſolence de telle perſonne
doit eſtre reprimee par humilité, cela ne ſe peut faire que par le Prince, parce qu'il s'eſt autant deshonoré comme il a penſé oſter d'honneur à ſon ennemy, tout Cheualier qui frappe ſon ennemy d'autre
baſton que de l'eſpee, fait vn acte qui eſt du tout
vituperable & contre tout droict de nobleſſe : l'on
n'en feroit pas d'auantage à vn vallet. Si ceſte forme
n'eſt trouuee bonne il s'en peut trouuer d'autre
que ſa Majeſté pourra ordonner: mais certes le Roy
doit eſtre iuge rigoureux en ceſte querelle & ſans
acception & faueur, les villains actes entre Gentils-
hommes & Cheualiers d'honneur doiuent eſtre
bien examinez & ſeuerement punis.

LE COMBAT DE
SEVL A SEVL EN CAMP CLOS.
PARTIE SECONDE.

IL me semble auoir affez parlé du combat que le Cheualier eft tenu de pourchaffer en ce qui touche de fon honneur, & y auoir apporté tout ce qui m'a femblé eftre bon pour deffinir vn combat, & auffi quand ils ont efté au camp, i'ay declaré tout ce qui eftoit propre pour l'affaillant & pour le defendant: i'ay auffi adioufté les defmantiz dont ie fuis d'opinion que la plus part des querelles qui font auiourd'huy en procedét: auffi ay-ie fait de la fupercherie. Et à icelle fin que ie puiffe mieux examiner de fil en fil ce qui eft conuenable pour les querelles, & que ie ne face point vne confufion en ce difcours: i'ay penfé qu'il eftoit bon d'en faire des parties à part les vnes des autres. Ie parleray à cefte heure en cefte feconde partie des appels auec quelque autre difcours qui pourront feruir fur ce fubiect.

De l'appel au logis du Roy.

CHAPITRE PREMIER.

Es maisons des Roys ont tousiours esté respectees & reuerees comme lieux sacrez, d'autant que le Roy est estably par la volonté de Dieu & a quelque similitude à la diuinité, aussi ils sont comme Lieutenans en terre, qui ont la domination sur leurs subiects pour estre obeiz, honorez & reuerez selon le commandement de Dieu, sainct Paul en quelque endroict de ses epistres les appelle les images de Dieu en terre, & en beaucoup d'autres lieux de l'escriture, il nous est expressement commandé de leur porter honneur, reuerence & respect, autant qu'il nous est possible, voire mesme d'obeyr à leurs loix & ordonnances, bien qu'elles nous semblét quelquesfois plus rigoureuses que douces & equitables. C'est la raison pour laquelle les subiects ne doiuent contrarier insolemment à leur Prince, estant chose assez esloignee de raison que les membres s'esleuent contre leur chef & repugnent les volontez : toutesfois c'est chose qui est auiourd'huy assez commune, dont le Roy deuroit mettre vne police exemplaire, & bien chastier ceux qui seroient si hardis de s'appeller au cóbat en sa court sans son expres commandement, ie ne me suis iamais plus estonné comme le Roy est si patient d'endurer que l'on s'y querelle, & on s'y

appelle

appelle au combat sans aucun respect : cela est pu-
nissable : & les capitaines des gardes deuroient estre
soigneux, que quand tels scandales suruiennent
de les prendre & le Roy en faire punition. Encores
ie dis que celuy qui va faire l'appel doit plustost
estre puny que l'autre, encore que tous deux le meritent : car celuy qui va appeller pour vn autre, il ne
le fait qu'en consideration de l'amitié qu'il porte à
son amy & sans que le fait luy touche nullement,
l'autre s'il appelle soy-mesme son ennemy , c'est
d'vne animosité qui le conuie & pousse à quereller
celuy qui l'a offencé. La noblesse a esté acquise par
la vertu de nos predecesseurs & par leur proüesse &
valleur, & par leur belle conduitte, il faut qu'estant
appellez pres de la personne du Roy nous soyons
si bien apprins que d'estre respectueux en sa maison principalement, & embrasser si bien la vertu
que nous facions cognoistre que nous sommes ex-
traicts d'ancienne lignee & bonne race , le gentil-
homme ne le peut mieux faire cognoistre qu'en ces
actions & deportemens, i'ay bien veu du temps du
Roy François premier , & du Roy Henry second
que l'on n'eust osé entreprendre de s'appeller ny
de s'iniurier, il y alloit de la vie à qui l'eust entreprins. Or toutesfois en vne si gaillarde ieunesse qui
hante la Cour, il ne se peut faire quelquesfois qu'il
n'y suruienne des querelles, ou pour quelque parolles mal dictes, ou pour l'amour & seruice des Dames. Pour cela si ne faut-il pas appeller son compagnon estant dans la maison du Roy, ny luy donner

vn desmenty, ny l'appeller ny le faire appeller: mais
il me semble qu'il ne seroit point mal à propos de
respondre: ie ne sçay que vous me dittes à ceste
heure & ne puis comprendre vostre langage: mais
hors du logis du Roy, ie respondray à tout ce que
vous me direz, & à mesme heure sortir sans toutesfois l'appeller, & si celuy auec lequel il a eu parolle
ne sort, l'autre se doit tenir pour n'estre point iniurié ne offencé: mon opinion est que toutes les iniures qui se disent en la maison du Roy, elles sont faites au Roy & non à celuy à qui elles ont esté dittes.
Voila la raison pourquoy le Roy doit prendre ceste
cause, en main, & en faire vne punition tant pour
ceux qui mettent l'espee au poing dans vn corps de
garde ou qui s'appellent à se trouuer l'espee & le
poignard à la veuë du corps de garde deuant
le logis du Roy : Tout cela est capital & digne
de mort : que si le Roy en auoit fait mittre
quelqu'vn tout nud, la torche au poing, accompagné de l'executeur de haute iustice, & faire trois
tours à l'entour de la basse court de son chasteau, &
demander padon à haute voix à sa Majesté, puis le
renuoyer infame en sa maison: vous verriez lors
la maison du Roy bien respectee, & ses edicts bien
obseruez & vn chacun craindroit de faire telles insolences en son logis, ou bien les condamner aux
perpetuelles prisons , c'est la punition que ie leur
desirerois.

De plusieurs sortes d'appels.

CHAPITRE II.

L se pratique auiourd'huy beaucoup de sortes d'appels qui n'ont iamais esté en vsage ny exercez par les anciés Cheualiers: & combien que sa Maiesté y ait opposé par plusieursfois des deffences, il ne peut toutesfois estre bien obey, tant l'ardeur & le courage du Gentil-homme François est prompt & ardát. Ie diray bien, & m'arreste en ceste opinion, que quand vn Cheualier est offencé, soit de parolle ou d'effaict, il luy doit estre permis d'appeller celuy qui luy a fait iniure, mais non pas par vn billet ny par son amy priué: mais le doit faire appeller deuát le Roy: & en demander permission à sa Maiesté, lequel ne luy doit refuser, ayant premierement entendu leur differant que leur permettre le combat, ayant aussi tanté le moyen de les accorder, & les rendre amis. Par là ie cóclus qu'il ne doit estre permis à quelque Cheualier que ce soit d'enuoyer vn billet à son ennemy sans la volonté du Roy. Ie demande quelle asseurance peut-on prendre de se trouuer en lieu de combat sur vn simple billet, & combien que celuy qui le porte soit Cheualier d'honneur & veritable qui n'y entend aucune tromperie: toutesfois le parent ou l'amy de celuy qui est appellé, le sçachát s'il s'y trouue pour l'assister pour-

quoy luy en doit-on donner du blasme:la ou s'il est
appellé deuant le Roy,lors sa Maiesté les reglera en
leur combat.Ie me ris de ceux qui font appeller vn
Cheualier par leur amy,qui leur tient ce langage. Ie
suis venu vous dire que vn tel Cheualier que vous
auez offencé est pres d'icy auec l'espee&le poignard
pour tirer raison du tort que vous luy auez fait, &
si vous auez quelque amy pour vous y accōpagner
luy & moy parlerons ensemble,car ie ne veux mettre mon amy au combat que ie ne sois de la par-
tie.L'autre est prest & disposé de se battre&non pas
d'y mener autre que luy,en cela il est fondé d'vne
belle raison , mais ie croy que celuy qui est venu
pour appeller fait tort à son amy de s'offrir à combattre en second, & ne le deuroit point entreprendre que son amy n'en fust consentant: & celuy qui
est appellé n'accepte le combat en ceste condition.
Ie maintiens qu'il n'est point appellé & l'appel qui
a esté dōné doit demeurer nul, & le Cheualier qui a
esté offencé demeure tousiours offencé& faut qu'il
face reparer l'offence qui luy a esté faite par vne autre voye,& qu'il soit cheualleureux:mais s'il est appellé pour combattre seul à seul:il le doit accepter
sans aucune exception,s'asseurant que son ennemy
est tant plain d'honneur qu'il ne le voudroit point
appeller pour luy faire vne supercherie, & ne le
voudroit autrement combattre que de pareilles armes,c'est la raison qu'il y en ait qui se combattét en
chemise pour faire preuue de la seureté de leur
combat:il en y a qui y procedent plus cheualleu-

reufement que ie prife grandement, c'eſt quand ils
ont à demander quelque chofe dequoy il ſe ſentent
offencez, font le billet eux-meſmes & le ſignent &
le mettent en la main de leur ennemy , enſemble
luy aſſignent le lieu du combat auec toute ſeureté
ſans aduantage. Ceſte façon eſt fort loüable, & s'il
ne ſe trouue où il eſt appellé il fait vne grand'faute & irreparable: i'ay veu en ma ieuneſſe que l'on ne
ſe faiſoit point appeller ny l'on n'enuoyoit point
de billet : mais l'on s'appelloit bas à l'oreille : on ſe
batoit fort ſouuent de ceſte façon. I'eſtime & priſe
grandement ce reſentiment & ce combat: car il n'y
a pas vn plus braue appel que celuy qui ſe fait de
ſoy-meſme. Cela eſt le debuoir d'vn vaillant & genereux Cheualier. C'eſt en ceſt appel enquoy tous
les Cheualiers valleureux qui veulent imiter l'honneur de Cheuallerie doiuent ſuiure, & conſeille à
tous ceux qui ſeront offencez de prendre ce chemin, par là ils acquerront beaucoup de reputation
& de l'honneur. Ie mettray en ce lieu vn exemple
que i'ay veu : ce fut Sourdeual valleureux gentil-
homme qui auoit querelle auec vn capitaine, eſtans
tous deux pour le ſeruice du Roy au fort de Boul-
logne que tenoit le Roy d'Angleterre pour lors:
leurs amis auoient l'œil ſur eux & les vouloient empeſcher de ſe battre: ils firēt vn complot tous deux
de feindre d'eſtre d'accord & bons amis, cela dura
plus de ſix ſepmaines : de maniere que les amis les
voyans parler ſouuent enſemble iugeoient qu'ils e-
ſtoient d'accord, en fin comme ils cogneurent que

l'on n'auoit plus d'esgard sur eux ils s'appellent secrettement & se vont battre hors du fort, & furent
tous deux fort blessez, leurs amis y coururent qui
les rameinerent en leur quartier. Voila pas vn appel braue & de deux Cheualiers valleureux , & vn
resentiment genereux: il n'y a point de ceremonie
en ce combat qui se fait dextrement & d'vn braue
& asseuré courage: Aussi c'est hardiment combattre quand personne ne sçait le combat.

CHAP. III.

IE croy que ceux qui enuoyent vn billet par
leur laquais ne prennent pas cest aduis de
leurs intimes amis , & pense que tous ceux
qui entendent à bien decider des querelles ne bail-
leront iamais ce conseil: car d'enuoyer porter vn
billet par vn laquais c'est desdaigner les armes : &
profaner le rang de Cheuallerie qui a esté de tout
temps tant honoré, que tous les vaillans hommes,
ont tasché d'atteindre le noble rang de Cheuallier
valleureux par quelque beau fait qui soit signalé &
prisé de tous les vaillans hommes , faut-il qu'vn
vaillant homme qui aura acquis beaucoup d'honneur & de reputation reçoiue cest affront que d'e-
stre appellé par vn laquais, & quand le Cheualier ne
receura point le billet, il fera l'office tel qu'vn Cheualier d'honneur doit faire, comme estant indigne-

ment presenté par personne indigne d'auoir la cognoissance d'vn si honorable effet:les vns veulent y
enuoyer vn gentil-homme pour certifier que le
billet que le laquais porte contient verité,si le gentil-homme accompagne le laquais , ie maintiens
qu'il est spectateur de l'affront que ce laquais faict
à ce valleureux Cheuallier,&conclus qu'il deburoit
refuser son amy d'vne telle legation comme estát
chose honteuse d'accompagner vn laquais pour vn
tel fait qui doit estre executé plus honorablement
cela n'est pas honorable qu'vn gentil-homme accompagne vn laquais qui porte vn billet à vn Cheualier d'honneur:les laquais ne sont au seruice des
gentils-hommes que pour aller à pied auec leurs
maistres, pour les botter esperonner & tenir leurs
cheuaux quand ils descendent & quand ils veulent
monter.Ie vous prie messieurs qui entédez les querelles des Cheualliers d'honneur, & comme elles
se doiuent conduire,regardez si ie suis hors de propos & bastissez des raisons qui soient apparentes
pour vaincre mon dire:ie ne changeray iamais ceste opinion que ie ne sois enseigné vallablemét par
quelque sçauant homme, & qui soit mieux entendu que moy , car ie suis tousiours desireux d'ap-
prendre:ie diray encore ceste fois qu'il faut que ce
qui depend de l'honneur soit fait aussi honorablement,& qu'il n'y ait rien à reprendre.

De ceux qui vont appeller l'ennemy de leur amy iusques dans sa maison.

CHAPITRE IIII.

L y a vne maniere de faire appeller son en-nemy dans sa maison, car y allât & sçachant qu'il n'y est pas, l'on deburoit temporiser qu'il fust de retour, & s'il estoit fort desireux de vouloir parfaire sa charge il faudroit qu'il taschast de parler à quelqu'vn de la maison des plus signa-lez, voire de ses parens s'il s'en trouuoit & leur dire la charge qu'il a de son amy, ce faisant ie croirois qu'il en deburoit estre quitte & l'appel bien donné: posons le cas que le Baron de la Garde a enuoyé def-fier son ennemy iusques dans sa maison, celuy qui y est allé ne l'a pas trouué, mais ouy bien son frere, auquel il a fait sçauoir que le Baron est là pres pour se battre à luy pour quelque parolle qu'il a dict de luy mal à propos: ne voudriez vous pas iuger cest appel bon? car puis qu'il le dit au frere de celuy qu'il entend combattre, le frere le doit faire sçauoir à son frere, comme celuy qui doit estre participant en son honneur, & l'ayant sceu doit le mander au Baron qu'il ne fera faute de se trouuer au lieu qui luy a esté assigné: & s'il veut alleguer qu'il n'est point appellé, parce qu'il n'a point parlé à luy: nonobstant il demeure tousiours appellé, & son honneur bien engagé s'il n'y satisfait: c'est comme si en vne cause

criminelle

criminelle, l'on vous donnoit vn adiournement
perſonnel à trois briefs iours, & à faute d'y compa-
roir vous fuſſiez couſtumace : ces deux cauſes ont
quelque ſimpatie enſemble, tellement que l'vn eſt
couſtumace par faute de ſe repreſenter au iour aſſigné & l'autre deshonoré à faute de ſe trouuer au
lieu où ſon ennemy l'a fait appeller:ainſi ie conclus
que tous les vaillans Cheualiers & qui ſont plains
d'honneur ne laiſſeront iamais paſſer vn tel appel
ſans y bien ſatisfaire au peril de leur vie:l'on pourroit dire que ces deux cauſes n'ont rien de commun
enſemble parce que l'vn debat deuant les iuges de
la iuſtice,l'autre auec l'eſpee:c'eſt la verité:mais ad-
uiſons d'y reſpondre. Ce meſme Baron de la Garde
qui eſt offencé, iniurié & outragé, au lieu de faire
appeller ſon ennemy au combat luy fait donner vn
adiournement perſonnel pour auoir reparation de
l'outrage qui luy a eſté fait,s'il n'y comparoiſt il eſt
condamné,où s'il s'y preſente il eſt côſtitué priſonnier,l'outrage peut-eſtre ſera de telle conſequence
que les iuges le condamneront à laiſſer la teſte, ou
à vne reparation d'honneur qui luy ſera peut-eſtre
honteuſe. Voila deux voyes qui ſe preſentent aux
Cheualiers,c'eſt à eux de choiſir laquelle eſt la plus
honorable & la plus priſee. I'opine que ſi l'ennemy du Baron de la Garde eſt viel & fort caduc, voire impuiſſant de manier les armes, il doit eſtre ex-
cuſé,mais s'il eſt ſain,fort &robuſte,il luy doit ſatiſ-
faire auec l'eſpee,& s'il le fait autrement, il ſera tenu pour coüart,& faute de courage.Les Cheualiers

L

sont obligez d'obeyr à la loy d'honneur : laquelle
porte que quand quelqu'vn est appellé en preuues
d'armes il s'y doit promptement acheminer auec
vn hardy courage, & celuy qui le fait autrement
n'est pas digne d'estre mis au rang des Cheualiers
d'honneur. Ie parle selon les hommes qui veulent
suiure l'vsance des vaillans Cheualiers : mais non
pas diuinement : car Dieu s'est reserué les vangean-
ces comme estant le Dieu des armees & des combats, & donne la victoire à qui il luy plaist comme
estant iuge fort equitable.

De ceux qui vont appeller l'ennemy de leur amy dans
vne autre maison que la sienne.

CHAPITRE V.

I E diray sur cest appel que le seigneur de la
maison luy doit dire, qu'il ne luy appartient
pas de liurer le combat : car de liurer le
combat de sa propre authorité, c'est crime de leze
Majesté, où il n'y va que de la teste, & pour ceste raison l'appel doit demeurer nul & sans effect : parce
qu'il n'est pas legitime, ie croy que celuy qui en-
uoye appeller son ennemy dans la maison d'autruy
quelque bonne mine qu'il face ne veut point venir
aux mains, & pense parce moyen que l'on les mettra en termes d'accord, c'est vne raison qui est fort
apparente, & toutesfois n'est point cheuallerelle &

s'il en faut dire la verité celuy qui fait de tels appels
faisant ce piteux office fait bon marché de sa vie:
aussi cest acte ne se peut dire cheualleureux : mais
ouy bien executé par vn homme temeraire & plain
d'outrecuidance. Ie diray d'auātage que le seigneur
de la maison, & celuy que l'on a voulu appeller n'y
doit point respondre, cest appel estant comme nul.
Et pourroit dire, dittes à vostre amy que s'il ne satisfait mieux à l'appel, pour lequel il vous a enuoyé
ceans, que ie le tiens pour coüard, parce qu'il peut
trouuer son ennemy ailleurs que dedans ma maison, & à vous de ne faire plus de tels affronts à vn
gentil-homme d'honneur, car ie vous chastirois
fort bien de la faute que vous auez faite, si ie vou-
lois: mais parce que i'ay de l'aduantage sur vous sa-
tisfaites à ceste faute afin que i'en demeure contāt:
car comme il luy a fait vn desplaisir de gayeté de
cœur ce seigneur luy en peut faire le semblable
sans acception: parce qu'il a procedé en cest appel
en mauuais Cheualier, aussi doit-il estre chastié de
la faute qu'il a faite indiscrettement.

L ij.

De ceux qui se presentent à seconder leur compagnon.

CHAPITRE VI.

IE voudrois bien que ceux qui prient leur compagnon de les seconder au combat ou ceux qui se presentent de se battre deux à deux, ou trois à trois, me donnassent des raisons propres & apparentes, pourquoy il le font : c'est chose qui n'a iamais esté veuë ny pratiquee sinon (comme i'ay dit au commancement de se traitté) en guerre legitime : ie demeureray doncques en ceste opinion que pour terminer vne querelle, il ne faut point y appeller de second : celuy qui s'offre au combat de deux, ou qui prie son compagnon de l'assister de sa persone, ny moins qui le veut souffrir fait beaucoup de tort à sa reputatiõ. Il y a plusieurs raisons pour conuaincre ceste forme de combat & grandement apparentes. Celuy qui seconde son compagnon n'a point de querelle auec celuy qui se combat auec luy, & peut-estre que c'est le meilleur & plus familier & priué de ses amis. Voyla vne trop grande cruauté de se battre de ceste maniere & sans querelle, cela est trop barbare que de n'auoir aucun choix d'amitié. Il y a plus que celuy des deux qui se sera plustost d'effaict de son ennemy, s'il voit son compagnon par trop empesché il essayera de le secourir, ce faisant c'est faire vn assassinat & en ce combat il n'y a point d'honneur, il y en a vn autre

que l'on soupçonneroit, que la plus part de ceux qui
veulent estre secódez le font pour auoir plus grande asseurance, & se voyant ainsi accompagnez, ils
font plus resolus, car l'on voudroit dire que l'on
combat plus determinement & auec plus de reso-
lution, estant accompagné que quand l'on est seul à
seul. Aussi i'ay tousiours estimé vn vaillant homme
qui secrettement & sans le sceu des personnes, tire
son ennemy par la cappe au combat de seul à seul,
en cest appel, il y a beaucoup d'honneur. Ie croy
toutesfois que l'on le fait pour meilleure confide-
ration que ie ne pense: si est-ce que le combat qui
se fait auec vn second ne s'est iamais practiqué en
querelles, sinon depuis vingt ou vingtcinq ans en ça,
dót il en est sorti du malheur. I'ay memoire sur cest
article d'auoir ouy parler à feu monsieur de Guyse
François de Loraine & feu monsieur de Sensac le
pere dernier mort, des vaillans hommes & de leurs
gestes les plus signalez: & entre autres de leurs propos. Ledit seigneur de Sensac tenoit pour bié vaillát
& hardy celuy qui alloit à vn assaut trente ou qua-
rante pas deuant ses compagnons, ou celuy qui alloit donner vn coup de lance le iour d'vn combat.
Monsieur de Guyse lors respond ie vous prie monsieur de Sensac, ne mettez point cela en vostre opinion, & croyez que la belle & grande compagnee,
est bien cause que ces esuantez, ainsi les appelloit-il,
se precipitent à faire de semblables combats, & ne
pensez point qu'il y ait de le hardiesse quand elle est
faite par vne enuie ou ialousie, mais tenez pour vn

hardi hõme celuy qui appelle luy-mesme secrettement au combat son ennemy,ceux-là vrayment
sont vaillans qui sçauent bien de battré leur querelle & sans que personne s'en mesle qu'eux,& encores
plus honorables quand l'on ne sçait rien de leur
combat sinon apres qu'il est finy:& nomma pour
exemple quelques vns qui s'estoient ainsi combat-
tus.I'ay bien voulu reciter se dire,parce qu'il est sorti de la bouche d'vn grand personnage & qui est
grandement recommandé & a acquis des premiers
rangs entre les grands Capitaines , qui me seruira
beaucoup à certifier mon dire.

Si l'on doit appeller son ennemy à la teste d'vne
compagnee.

CHAPITRE VII.

Este demande merite d'estre bien resoluë
& suis de ceste opinion,qu'il doit estre permis au gentil-homme ou au soldat qui est
offencé en son honneur,d'appeller son ennemy à la
teste d'yne compagnee , & ne peut le Capitaine se
plaindré pour cela, encore qu'il marche l'enseigne
desployee: mais s'il arriuoit que luy-mesme l'allast
appeller & le choisir dans le rang où il est pour en
auoir sa raison,il feroit vne grande faute:& lors le
Capitaine auroit iuste raison de se plaindre , & luy
courir sus,mais demandant licence au Capitaine, il

y a beaucoup d'honneur & ne le peut refuſer : toutesfois il peut remettre ceſte querelle pardeuãt ſon
maiſtre de camp & du Coulonnel pour en deliberer & luy en faire la raiſon, ſelon l'aduis & le conſeil
qui en ſera prins, parce que les querelles doiuent
eſtre terminees deuant les ſuperieurs & ceux qui
ont de l'authorité & puiſſance en l'armee, il n'eſt pas
permis (ſelon mon iugement) à vn ſimple Capitaine d'vne compagnee de gés de pied, ou d'vne compagnee de gens-d'armes de liurer le combat parce
qu'il a vn ſuperieur qui luy commande : c'eſt celuy là qui a l'authorité & le pouuoir de deliberer
des diſputes & du combat : mais s'il n'y auoit point
encores de corps d'armee compoſé & que la compagnee ſeule marchaſt, le Capitaine doit faire ſortir
le ſoldat hors des rangs, & faire raiſon à celuy qui l'a
demandée : mais où ſera le Lieutenant general de
l'armee, la puiſſance des armes luy eſt donnée, &
non au ſimple capitaine. Pollibe dit que les conſuls
anciennement auoient puiſſance de la vie & de la
mort ſur les gens-d'armes ſans aucun appel, & pour
ceſte raiſon il dit qu'ils auoient puiſſance Royalle.
Auſſi au Conneſtable & aux Mareſchaux de France en la conduitte de l'armee, la force du glayue eſt
donnee & reſeruee. Il eſt bien raiſonnable que le
Roy pour euiter le ſcandale pouruoye aux ordonnances militaires de ſon Royaume, meſmemét aux
Capitaines de gens-d'armes & gens de pied de bien
regler leurs ſoldats & les obliger de ſuiure & tenir
les loix & couſtumes de la guerre & la forme &

maniere de l'art militaire qui leur sera donnee, sans y adiouster ou diminuer à peine de la vie.

Si le roturier doit appeller le Gentil-homme au combat.

Chap. VIII.

L faut parler de cest appel bien au long qui est vn discours digne d'estre bié entendu afin de donner le droict à celuy à qui il appartiendra ; & deuant que de parler de cest appel, il faut sçauoir comme il doit estre receu entre les Cheualiers. Nous parlerons de la noblesse, & comme d'ancienneté elle a esté estimee & grandement prisee en ceux qui ont acquis ce grade d'honneur & comme se l'ayant acquis par leur vertu s'y sont bien sceu conseruer, qui est le chemin que doit suiure celuy qui veut tenir le rang de noblesse: aussi il faut qu'en l'exerçant il ne face aucune espece d'infamie: autrement il feroit vne tache qui tourneroit à son deshonneur & qui luy pourroit estre reprochable & à sa posterité: ceste noblesse qui s'est ainsi conseruee d'vn temps immemorial auec beaucoup d'honneur & d'honorable reputation & qui s'est maintenuë en des honorables charges pour le seruice du Roy & de la patrie, & y ait exposé ses biens & sa vie, cela doit estre prisé d'vn chacun, & recogneu non seulement du noble: mais aussi du roturier, qui la doit respecter & ho-

norer

honnorer comme estant sorti d'vne race illustre
& d'autre maison, & d'autre parenté que la sienne
sans y faire aucune comparaison:autrement si cela auoit lieu nous serions tous esgaux & semblables
ce qui ne se doit & ne peut estre. Or est-il que auiourd'huy le roturier pour si peu de temps qu'il a
porté les armes, il se dit soldat. Et combien qu'il
n'ait esté que trois ou quatre mois à porter l'espee
au costé & l'arquebuze sur l'espaule,il veut qu'on le
tienne pour soldat signalé,il fait plus, il se va ranger
auec les espadassins, il se façonne à tirer des armes,
tellement quellement, son pere a acquis de bons
moyens,moyens qui sont assez bons pour se tenir
en hôneste equipage & auec vne belle piaphe pour
se trouuer auec les gentils-hommes,où il est le bien
venu:le voila mis au rang de la noblesse, il s'y veut
maintenir sans acception.Il se dit & se fait reclamer
pour hôme de qualité & d'honneur &n'a autre langage que de dire qu'il est tel,& qu'il porte vne bonne espee pour le maintenir à celuy qui en fera dou-
te:voila de beaux langages & fort superbes:il ne reste plus qu'à les executer:il est qu'il prend querelle à
vn gentil-homme d'honneur & fort homme de
bien,& le fait appeller:ie demande comme cest appel se doit conduire.Mon opinion est telle, que le
gentil-homme doit respondre à celuy qui le vient
appeller pour le soldat, qu'il ne marche point ainsi
à son mandement,non pas qu'il redoute & craigne
son espee ny sa valleur : mais parce qu'il cognoist
bien &sçay bien qu'il est:qu'ils se pourront voir en-

M

semble, & alors luy fera raison de tout ce qu'il aura enuie de sçauoir de luy: ie diray ce mot en passant
que ie conseille à tous gentils-hommes de n'entrer
point en preuues d'armes qu'auec leur semblable,
& de n'esgaler point leur espee ny leur courage à
vn qui n'est pas leur compagnon, & qui ne se peut
paragonner à eux, les inconueniens qui en peuuent
arriuer sont tres-dangereux, il est fort raisonnable
de les euiter. Mais ie diray que si se soldat se trouuoit si fort offencé, il le pourroit luy-mesme aller
trouuer pour luy faire mettre l'espee au poing, &
lors le gentil-homme ne pourroit alleguer aucune
bonne raison qu'il ne la luy fist: car de luy dire qu'ils
ne sont pas semblables, cela ne seroit pas parler en
homme genereux, il faut qu'il combatte à quelque
peril qu'il en puisse arriuer: mais si le soldat deuant
que venir aux armes trouuoit le moyen d'en tirer
quelque honneste satisfaction, il feroit sagement,
& le gétil-homme le deuroit faire, tant pour l'honneur qu'il porte aux armes que pour le desir qu'il a
de n'offencer personne, sans toutesfois qu'il y allast rien du sien, car tels gens que cela quand ils sont
si glorieux & tant insolens que de faire mettre l'espee au poing, de les venir affronter, meriteroient
bien quelque chastiment, Il n'est pas raisonnable
d'endurer telles insolences, & ceux qui les main-
tiennent en ces actions y ont le plus grand tort. Ie
ne parle pas sans propos car i'en sçay qui les con-
seruent & debattent tous leurs droicts sans aucune
acception de gentil-homme ou roturier, & les font

ſembables,ie m'eſmerueille cõme le gentil-hõme
n'a quelque reſpect à la nobleſſe qui eſt choſe qui
luy doit toucher de bien pres,il n'offence pas ſeulement ce gentil-hõme,mais tous ceux à qui il appartient de conſanguinité:ce que ie dits du roturier,ce
n'eſt pasque ie vueille mettre vne barriere pour empeſcher le roturier de pouuoir aſpirer à la nobleſſe:
car la nobleſſe a eſté acquiſe par la vertu qui peut
auſſi-toſt eſtre exercee du roturier que du noble, ſi
le roturier eſt fait noble cela s'entend pour luy &
ſa famille s'il en a, car il pourroit eſtre qu'il auroit
de pauures parens qui n'auroient ſuiuy ceſte vacation:& encore pour eſtre tenu & eſtimé pour gentil-homme,il faudroit que cela prouint de pere en
fils iuſques à la quarte ou cinquieſme generation:
& encore ne pourroit appeller vn gentil-homme
de nom & d'armes & d'ancienne maiſon en camp
clos, ſi leur qualité eſtoit bien debatuë:mais parce
qu'il a choiſi les armes pour ſon principal but &
exercice,& que le reſte de ſa famille s'y eſt touſiours
maintenuë qui eſt l'acte qui approche le plus pres
de la vertu:il s'eſt fait noble ayant acquis de l'honneur & de la reputation telle qu'vn braue ſoldat
doit chercher pour eſtre bien eſtimé & tenu au
rang des nobles.

Des proches parens qui s'appellent au combat.

CHAPITRE IX.

C'Est chose honteuse quand les parens pro-ches sont en querelle. Quand les amis & les voisins & proches parens cognoissent vne querelle entr'eux deuroient tascher à les accorder, à fin que ceste querelle he se menast en longueur: certe il n'y a inimitié si grande que celle des parens, quád elle est enracinee, & mal-aisement la peut-on pacifier qu'il n'y demeure quelque mescontente-ment, & le pis est que la querelle bien souuent est si grande qu'il sont contraincts de s'appeller au combat, les vns pour leurs partages, qui est la plus frequéte querelle qui soit entre freres, où il faut que les arbitres, accordent le ciuil & le criminel, encore est-il presque impossible de les pouuoir mettre d'a-cord, tant ils sont opiniastrez les vns contre les au-tres: enfin il n'en sort que des coups & quelquesfois des meurtres qui se meslent parmi ces diuorses, voila vne race deshonoree & mesprisee pour les voir ennemis si cruels. Bien souuent il sort d'autres disputes entre les freres qui procedent à l'occasion de leurs femmes, ie suis honteux de le vouloir di-re: mais elle est de telle consequence qu'ils s'appel-lent au combat, & n'y voy vn seul moyen estant le subiect si mauuais que l'honneur d'vn homme de bien en despéd, & qu'il faut quelque fraternité qu'il

y ait qu'elle soit debatuë auec les armes: c'eſt vn^e
grande cruauté & choſe du tout inhumaine que ce-
luy qui deuroit eſtre deſireux d'hōneur de la maiſō
de ſon frere, eſt celuy qui la deshonore:il eſt mal-
ſeant au frere d'entrer en diſpute, eſt meſmemét le
plus ieune qui doit par droict de nature cedder à
ſon frere aiſné & eſtre ſoigneux tant qu'il luy ſera
poſſible de n'offencer ſon amitié mais la doit che-
rement garder. Quand ie parle des freres , i'entens
auſſi parler de l'oncle , du nepueu , & des couſins
germains,des beaux freres &autres parens proches.
Et quand il y a des procez entre les freres & proches parens,ceſte diſpute doit eſtre remiſe en vn ar-
bitrage:car le frere aura touſiours plus d'honneur
enuers ſon frere, quand ils feront leur partage d'y
proceder auec vne honneſte affection que de debattre auec toute rigueur , il faut quelquesfois ceder à l'auarice & ſe maintenir en vne amitié & con-
corde:i'allegueray vn exemple propre pour la verité de mon dire.Athenodorus auoit vn frere qui e-
ſtoit ſon aiſné qui perdit tout ſon bien par iuſtice:
le voyant pauure & deſtitué de moyens, il fait partage du reſte de ſon bien & luy en bailla encore la
moitié.Le ſage gentil-homme ſe gardera touſiours
de n'auoir debat auec ſon frere, oncle, nepueu &
couſion,parce que de là depent le ſupport de luy
de ſes enfans & de ſa maiſon:car quand vne race ſe
maintient en bon amour & concorde , elle en eſt
beaucoup plus loüee : par là ils font cognoiſtre
qu'ils ſont ſortis d'vne race ancienne & illuſtre qui

M iij

ne veut offencer l'amitié d'vn seul de leurs parens, mais se veulent maintenir en toute douceur,
paix & vnion, de maniere qui touche l'vn il a querelle à l'autre, telles alliances sont à redouter & les
doit-on rechercher.

De deux combatans si celuy qui recule doit estre accusé
de coüardise.

CHAPITRE X.

C'Est l'opinion cómune que celuy qui recule
au cóbat, est tenu pour n'estre point hardy
& qu'il n'a point d'asseurance: ie ne suis de
ceste opinion, & croy que tout homme qui met
l'espee au poing, quand il y est appellé, & qu'il se
pare aux coups & se defend fait le deuoir d'vn vaillant homme encore qu'il recule: car entre fuyr & reculer il y a de la difference, fuyr c'est s'en aller & se
retirer sans vouloir combattre, reculer & se parer
aux coups, c'est se defendre, & attendre l'occasion
de desfaire són ennemy, car tel recule qui puis apres
s'approche brauement. I'entens parler de deux
combatans seul à seul, mais s'il arriuoit qu'vn seul
fust assailli de deux, ou de plusieurs, lors ce n'est
point de honte de s'en aller & retirer, voire au grand
pas: & pourroit dire celuy qui seroit ainsi assailly:
vous estes trop sur vn, mais le plus vaillant de vous
vienne seul à seul, ie me battray & en disant ce lan-

gage son honneur est en son entier. Celuy donc qui
recule au combat de seul à seul n'est point coüard,
& dis d'auantage que celuy qui combat furieuse-
ment & s'aduance plus que l'autre, & luy tire plus de
coups, il ne doit estre tenu pour le plus hardi, & croy
qu'il n'a pas pl' de iugemét & de hardiesse que l'autre
qui se sçait bien couurir & frapper quand il en void
l'occasion. Cestuy-là est braue Cheualier, resolu &
bien determiné de qui l'on pourroit dire qu'il a
bien mis l'espee au poing, toutesfois il a tousiours
reculé & n'a pas tiré vn seul coup. L'on respondra à ceste demande qu'il suffist qu'il se soit
bien couuert & auoir empesché que son ennemy
ne l'ait sceu blesser, c'est beaucoup à vn côbat de se
sçauoir bien couurir & n'estre point blessé. Parlôs à
ceste heure de celuy qui au combat trouue son ennemy seul & luy darde l'espee & le poignard & le
blesse, s'il se doit dire estre bien combattu : Ie respondray s'il fuit & s'il tourne le dos, il est bié combattu : mais ayant l'espee au poing se defendant : celuy qui auroit fait vn tel acte doit estre iugé d'auoir
mal-faict, car darder l'espee ou le poignard, c'est autât que si l'on changeoit d'armes & prendre vne al-
barde pour frapper de plus loing : cela est se iuger &
condamner de n'estre assez fort ny courageux pour
combattre son ennemy, puis que l'on craint de
se vouloir battre d'armes pareilles.

De deux qui ont querelle l'vn conuie son compagnon à mettre l'espee au poing & ne le veut faire, s'il le blesse si c'est mal fait.

CHAPITRE XI.

E Cheuallier a tousiours esté tenu pour genereux & vaillant quand il a eu querelle & n'a pris son ennemy à son aduantage, mais bien le trouuant seul à seul de luy faire mettre l'espee au poing ou le faire appeller, & s'il arriuoit que son ennemy ne voulust se defendre & luy demandast: auez-vous quelque chose à demesler auec moy? Tu as mal-parlé de moy & m'as fait vne iniure: son ennemy luy dist n'en auoir iamais parlé; i'opine qu'il doit demeurer contant & bien satisfaict, parce qu'il se fait reparer l'iniure qui luy a esté faite ayant l'espee à la main & seul, à seul & me semble que le nyant il doit suffire. Le seigneur Mussio n'est pas de ceste opinion, & conclud que pour le nyer le Cheuallier n'est pas bien satisfaict, & qu'il demeure tousiours offencé, moy ie tiens le contraire, que ne voulant aduoüer à son ennemy ayant l'espee au poing & seul à seul il se fait honte & tort à son honneur, & le Cheualier s'acquiert autant d'honneur & de reputation, sans que son ennemy luy en face plus grande reparation : mais s'il estoit qu'il ne voulust mettre l'espee au poing ny le satis-

faire

faire, ie croy qu'il n'auroit point mal fait de le blef-
fer, parce que c'eſt le vray teſmoignage d'auoir tiré
ſa raiſon du tort que ſon ennemy luy auroit fait,
ayant les armes à la main & ſans aduantage qui ſont
actes fort honorables, & que tous Cheualiers doiuét
tenir pour vn coüart celuy qui n'a voulu mettre
l'eſpee en la main pour faire raiſon à ſon ennemy.

De deux qui ſont au combat ſeul à ſeul, & l'vn ſaiſit
l'eſpee de ſon compagnon, puis le frappe s'il eſt
bien combattu.

CHAP. XII.

BEaucoup ſeroient de ceſte opinion que
deux Cheualiers eſtans au combat celuy
qui ſaiſiroit l'eſpee de ſon compagnon, &
le vint à bleſſer, qu'il ſeroit bien combattu, ou qu'il
y fuſt tué qu'il n'en doit point eſtre mal eſtimé: ie
ſerois de contraire opinion & ne pourrois approuuer la valleur de celuy qui auroit combattu en ceſte
ſorte, & iugerois le combat eſtre pareil comme s'il
prenoit ſon ennemy ſans armes. Ie ſçay bien qu'il
en y a qui me contrarieront & diront ne faire point
de faute à leur honneur: mais ie prie celuy qui tiendra ceſte opinion qu'il me donne vne raiſon pourquoy il ſe ſaiſit de l'eſpee de ſon ennemy. Ie croy
qu'il me reſpõdra que c'eſt pour luy oſter le moyen
de l'offencer & d'auoir la victoire ſur luy, c'eſt la
plus euidente qu'il me ſçauroit donner ie ne l'ap-

prouue nullement d'autant que le Cheualier qui a
à debattre quelque querelle auec son ennemy, il la
doit debattre auec l'espee, car par là l'on cognoist la
valleur & la hardiesse d'vn chacun de prédre l'espee
de son ennemy, ie ne trouue point qu'il y ait de la
hardiesse, mais seulement c'est se precipiter & combattre à la desesperade pour la crainte que l'on a de
son ennemy. I'opinerois bien que si l'espee de l'vn
venoit à rompre, ou qu'elle luy fust sortie hors du
poing, & qu'il fust si viuement chargé qu'il ne la
peust releuer, lors s'il saisissoit l'espee de son ennemy, & se jettast à luy auec le poignard il auroit
vaillamment combattu, & luy faire quitter l'espee
sans toutesfois le blesser. Si en cóbattant l'on vient
à faire vne liaison & se ioindre auec son ennemy, le
blesser du poignard & le jetter par terre: sçauoir s'il
seroit bien combattu ? Ie responds que c'est hardiment combattu, parce que cela se fait au peril & hazard de la vie, mais ie serois de ceste opinion que
celuy à qui auroit esté fait vn tel acte ne doit pour
cela estre blasmé de son honneur, ny d'auoir faute
de valleur: car quelquesfois la disposition de l'vn est
bien souuent cause d'vn tel accident, mais ce seroit
bien pis si l'ayant jetté par terre il luy ostoit ses armes: l'on peut estre receu du rabattre de la main
l'espee de son ennemy & non de la prendre.

CHAPITRE XIII.

Vand quelqu'vn porte mauuaise affection à vn autre passant pres de luy volontiers il pousse rudement, par ceste façon de faire , il semble le vouloir agas-
ser & le quereller: cela se fait sans propos auec fort
peu de consideration, parce que si vous auez quelque chose à demáder, il vous est beaucoup plus honorable de le demander de vostre bouche que de
le choquer : & si c'est à luy à le faire tant plus auez-
vous d'auantage sur luy: car c'est signe qu'il ne l'ose
faire, ou qu'il vous craint: l'on sçait assez la querelle
de messieurs de Carensi & du Baron de Biron, celuy
qui a esté depuis Mareschal de France, beaucoup de
gens d'honneur sçauent comme ceste querelle se
termina. Il y en a d'autres qui de gayeté se choquét
& se poussent bien rudement sans auoir aucun debat: mais bien souuent ils ne se cognoissent pas. l'ay
mémoire d'auoir veu accorder vne querelle pour
vn semblable subject de deux gentils-hommes qui
ne s'estoient veus & cogneus. Ceste querelle fut mise pardeuant monsieur le Connestable, où y estans
tous deux assemblez, le plus aagé de ses deux gentilshommes, le supplia tres-instammét de luy faire
octroyer du Roy, le combat côtre celuy qui l'auoit

offencé si mal à propos, ne le cognoissant point, &
ne luy en auoir donné occasion. Pour decider de
ceste querelle, monsieur l'Admiral de Chastillon,
messieurs le Mareschal de Vieille ville, & monsieur
le grand Escuyer de Boizy auec plusieurs autres seigneurs y furent appellez, & pour la satisfaction, il
fut dit. Ce que i'ay fait n'a point esté pour vous
auoir fait aucune offéce ny supercherie ny que vous
m'eussiez donné aucune occasion de ce faire, mais
ie l'ay fait vous prenant pour vn autre qui a accoustumé de hanter vn gentil-homme qui est mon
ennemy, & vous prenant pour celuy-là i'ay fait ce
qui c'est passé entre nous deux dont i'en suis bien
marry, ie vous prie excusez-moy, & que nous demeurions amis: voila la satisfaction qui luy fut faite, auec plusieurs contestations d'vne part & d'autre. Pour dire mó aduis : i'opinerois que quád quelqu'vn a poussé ainsi de gayeté de cœur vn autre,
que à mesme heure & que sur le champ il le print
par le bras & l'arrestast pour sçauoir de luy à quelle
occasió il l'a poussé & qu'il en veut estre satisfaict, &
encore que ce fust en lieu de respect, il ne doit point
differer de luy dire, sortons hors de ce lieu : car de
temporiser cinq ou six heures ou vn iour pour appeller vostre ennemy apres auoir esté poussé, ie ne
puis approuuer cest appel veu qu'il y a eu du temps
propre d'en tirer sa raisón sás y temporiser. Cela ne
peut retourner à la reputation de celuy qui differe
ainsi son appel: & s'il se veut excuser que lors qu'il a
esté si rudement poussé qu'il estoit en lieu de res-

pect:ie respond qu'il n'y a lieu de si grand respect
qu'à mesme heure l'on ne trouue le moyen d'en
sortir sans songer à son appel:pousser quelqu'vn de
gayeté de cœur c'est l'outrager. De maniere que ie
croirois quand quelqu'vn se sent poussé rudement
& de gayeté de cœur s'il prenoit au collet celuy qui
luy auroit fait cest affrõt auec le poignard, il auroit
satisfait à son deuoir estant toutesfois hors de respect.

Si vn gentil-homme estant en seruice se doit esgasler au
combat à vn gentil-homme d'honneur & de
bonne maison.

C H A P. XIIII.

A seruitude a esté tousiours estimee telle
que ceux qui se font soubmis à vouloir
seruir les gentils-hommes l'on les a tenus
pour seruiteurs domestiques de sorte qu'estant reduit à ce poinct, il faut qu'ils soient du tout pre-
parez à obeyr au commandement de leur maistre,
ce qui se doit nommer obeyssance seruille : ceste
obeyssance,il la faut expliquer:c'est quant vn gentil-homme seruillement se met à obeyr,& quand il
est aux gages d'vn autre gentil-homme & qu'il le
sert & prend gage de luy,celuy-là estát en cest estat
doit estre tenu pour seruiteur domestique, qui est
nourry,habillé entretenu de son maistre,celuy dis-

ie doit obeyr à tous les commandemens que son
maistre luy fera, & ne peut se mesurer à vn autre
gentil-homme qui soit de bonne part, de qualité
& de bonne maison pour auoir raison d'vne querelle qui luy seroit suruenuë, & ne le peut appeller:
car puis qu'il est seruiteur à gages d'vn autre gentil-
homme, cela luy amoindrist l'autre qu'il deuroit
tenir pour debattre sa querelle, ie sçay bien qu'il y
a beaucoup de gentils-hommes qui ont des gentils-hommes à leur seruice, qui ne serôt pas de mon
opinion, & voudroient si vn gentils-homme auoit
parole & dispute auec aucun de leurs gentil-hômes
qu'il le puisse faire appeller : mais ie ne puis consentir qu'vn appel soit fait par vn gentils-homme
qui est gagé, parce que ie le tiens pour seruiteur,
non point que ie veille dire qu'il doiue perdre le titre de noblesse, ny qu'il le faille outrager, mais parce qu'il est au rang des seruiteurs qu'il ne se peut esgaller à vn gentil-homme de qualité, d'honneur &
de maison, & qu'il faut, veu l'estat qu'il tient qu'il ce-
de & vse de respect comme seruiteur. Ie ne veux pas
conclure qu'vn gentil-homme est des-honoré de
seruir, il est mieux seant à vn gentil-homme de se
mettre au seruice que de faire vn plus mauuais office & mener vne vie malheureuse pour endurer a-
pres vne honte qui seroit reprochable à luy & à
sa race : entre pareils toutesfois ils se peuuent appeller, & apres les accorder de leur differét mais non
pas auec vn plus grand, si ce n'estoit que son maistre
en voulust prendre la querelle: comme estât marry

que l'õ vouluſt outrager ſes ſeruiteurs, l'on pourroit
pour l'amour & contéplation du maiſtre & de ſon
amitié luy dire quelque parole pour ſon contentement, mais non pas comme par maniere d'vn accord ny forme de reparation : voila pourquoy le
gentil-homme qui ſe met en ſeruice doit bien pen-
ſer deuant que de ſe mettre en ceſte ſeruitude. Premierement il ſe doit repreſenter que la pauureté le
force de ſeruir, & que pour ceſte raiſon il ſe reſolue
de bien obeyr: ſecondement qu'il ſe diſpoſe d'eſtre
fort reſpectueux aux parens proches & inthimes a-
mis de ſon maiſtre, & de ſe bien garder de faire ou
dire choſe qu'il en puiſſe receuoir meſcontente-
ment: car ce ſeroit faire autant d'ennemis à ſon maiſtre: puis qu'il eſt en ſeruice, il faut qu'il ſe compor-
te comme ſeruiteur.

CHAPITRE XV.

IL eſt bien mal ſeant à vn vieil gentil-homme d'eſtre querelleux, & ſe deuroit commander aux querelles, meſmement ayant
atteint l'aage de ſoixante ans, qui eſt l'aage que tous
ſe doiuent plus doucement & ſagement cõduire en
leurs actions, mais auſſi il pourroit arriuer qu'il auroit vn tel debat où ſon honneur ſeroit engagé, à
quoy l'homme d'honneur & de valleur ne peut ce-

der,&faut pour son deuoir qu'il en tire sa raison,en-
core qu'il fust aagé de soixante ans,que tous tiénent
le Cheualier estre exempt du combat:toutesfois ie
tiens s'il est sain comme il en y a qui sont autát forts
& robustes qu'vn qui n'auroit que quaráte ans,qu'il
ne doit s'exempter du combat,s'il y est appellé,ou
s'il est offencé d'y appeller son ennemy, il y a de
vieils gentils-hommes qui sont si courageux & ont
esté si vaillans hommes ayans acquis vne si honorable reputation que vous ne cognoistrez en eux vne
seule espèce de coüardise, & sont si sains & dispos
qu'ils resisteront vaillamment à tous ceux qui les
voudront attaquer,sans se vouloir excuser. Le Roy
François premier octroya vn combat à Moulins à
deux gentils-hommes,l'vn se nommoit le Seigneur
de Veniers, & l'autre le seigneur de Serzay , dont
l'vn auoit plus de soixante ans,& tous deux combatirent vaillamment le plus vieil fut fort estimé:
c'est chose rare que de voir vn Cheualier auoir soi-
xa nte ans passez entrer en combat au camp clos, ie
ne sçache autre raison sinon que l'honneur & la valleur,commáde de faire beaucoup de choses auec les
armes : & vn vaillant homme vieux se cognoissant
sain & vigoureux ne se peut contenir s'il est offencé,
qu'il n'en vienne aux armes. Il y eut vne querelle à
Paris entre le ieune Chasteau-neuf de Bretagne, &
Chaynay Laille desia fort aagé pour quelque parolle qu'estoit entr'eux : le ieune Chasteau neuf, ce
resentant fit appeller Chainay Laille fort braue &
vaillant gentil-homme dans l'Isle d'Antragues;

Chainay

Chainay y fut tué, & le ieune Chasteau-neuf blessé,
voyla comment se termina ce combat entre le ieune & le vieux, c'est pour prouuer la valleur & la hardiesse d'vn viel gentil-home: il y a eu de tres-grands
Capitaines qui ont acquis le renon de vaillans
hommes qui estoient plus aagez de soixante ans.
Il se trouue que Massinissa Roy de Numidye, ves-
quit iusques en l'aage de quatre vingts dix ans, vn
an deuant que mourir bailla vne bataille qu'il gai-
gna, le l'endemain l'on le trouua deuant son pauil-
lon nuë teste mangeant du pain noir tát il estoit de
complection forte & robuste, il faut conclurre que
l'homme vieux, encore qu'il soit aagé de soixante
ans, ne se doit exempter du combat quand il y est
appellé, & si son honneur y est offencé, il doit par
les armes se vanger. Et quand il refusera le combat
il est tenu de bailler vne raison qui soit legitime &
à son honneur, autrement il se fait tort. C'est vne
opinion qui peut-estre ne sera pas receuë de tous:
mais aussi i'estime qu'elle ne sera pas rejettee des
braues Cheualiers qui sçauent comme il faut repousser les iniures, & parce que le gentil-homme
n'a rien si cher que son honneur, il le doit conseruer
fort honorablement.

O

De celuy qui porte parolle pour son amy.

CHAPITRE XVI.

'EST vne demande pour sçauoir si celuy qui est employé de son amy pour porter quelque parolle, comme il s'y doit conduire? ceste questiō est diuerse, & parce que nous auons cy-deuant parlé de l'appel, ie n'entens d'en parler en ce chapitre, parce que c'estoit vn appel qui estoit pour vn combat, mais en cestuy-cy il doit estre entendu en ceste maniere: si mon amy me prie de porter quelque parolle à celuy auec lequel il a affaire, soit de procez ou de partage ou d'arbitrage, ie luy dois librement conceder: d'autant que l'office d'vn bon amy est de traitter vne paix & vn accord entre ceux qui ont du differant: mais s'il me prie de porter parolle d'iniures ou autre langage : qui ne seroit propre pour les Cheualiers d'honneur, il me feroit tort de m'employer pour ce subiect, car il est malseant à vn Cheualier de porter parolle qui offence l'honneur d'vn autre. Le Cheualier bien aduisé ne se chargera iamais de faire vn tel acte. Il faut donc que l'amy soit si considerable de reseruer son amy pour vne affaire qui soit plus d'importance, & non pas de le prier de porter parolles qui offencent vn Cheualier d'honneur, toutesfois pour ne rejetter du tout l'opinion que l'on auroit de porter parolle pour son amy, i'estimerois grandement qu'elle fust pratiquee en ceste maniere: ie suis en doute que quelqu'vn a dit de moy des parolles mal à propos, & desireux d'en estre bien esclaircy, ie prie vn ou deux de mes amis d'aller vers celuy qui les a dites, & luy dire, Nous sommes icy pour sçauoir si vous auez dit telles & telles paroles. i'estimerois grandement la demande de ceste façon, & en cela il n'y auroit que de l'honneur, & la partie ne se pourroit plaindre, & selon la responce qu'il luy fera, il se doit retirer sans luy parler dauantage & la faire sçauoir à celuy qui l'a enuoyé, il y en a qui enuoyent des lettres d'iniures par leur laquais qui sont le plus souuent bien battus, & renuoyez auec les lettres, c'est chose aussi là où il n'y a honneur ny aucune apparence : car ce que l'on doit dire soy-mesme, c'est vne folie de le faire dire par autruy, & principalement par vn homme de vile & abiecte condition.

Comme ce mot de ressentir ce doit entendre.

CHAPITRE XVII.

LE Cheuallier qui a acquis de la reputation s'il est offencé par quelqu'vn en son honneur ne doit laisser passer ceste iniure sans s'en ressentir & faire preuue de sa generosité, c'est la plus vsitee façon de faire des Cheualliers. Toutesfois ce mot *de ressentir* se prend en plusieurs manieres: quand l'on se ressent d'estre sorti d'vne honorarlem aison, apparenté de personnages illustres, & de peres genereux, & que l'on desire d'imiter ses predecesseurs en toute vertu : c'est se ressentir & bien se recognoistre de ne vouloir faire acte qui degenere à la vertu de ces ancestres : cela s'appelle propremét se ressentir du lieu d'où l'on est sorti. Ceux-là sôt imitateurs de tout hôneur & vertu, & *ce ressentir*, se prend en bonne part, il y en a vn autre ressentiment, mesmement quand il est question d'vne querellecar pour parler propremét de ce termeilest plus cômun & beaucoup pl'envsage pourlaquerelle que pour chose que l'on pourroit parler: car quand quelqu'vn est offencé ilvse volontiers dece terme, ie m'en ressentiray, quivaut autant à dire que si lon disoit i'en tireray ma raison, & n'y espargneray point mavie: & de fait tout hôme qui est outragé, mesme-

ment le Cheualier qui doit auoir son honneur en
plus singuliere recommandation qu'vn autre qui
ne seroit de telle ordre,& s'il ne se ressent de l'iniure
qu'on luy a faite l'on le tient pour vn Cheuallier qui
est sans valleur & qui n'a point de ressentimét : nous
auons des exemples de nostre temps assez loüables
entre autre du seigneur, d'Allaigres fils de môsieur
de Milland, ie croy que ie ne seray hors de propos
de le reciter en ce lieu:Ledit seigneur se ressentant
de la mort de son pere que le Barô de Viteaux auoit
tué,cognoissant n'en pouuoir auoir raison par la iustice,fit appeller le Baron vaillant & hardi, & qui
en auoit fait par plusieurs fois preuues & comba-
tu auec l'espee & le poignard,estant aagé seulement
de vingt-deux ans:acte certe genereux & executé
d'vn hardi & valleureux courage,c'estoit vn ressentiment digne d'vn fils qui voulant vanger la mort
de son pere azarda encore sa vie en sa tendre ieunesse,chose loüable:ce terme de ressentir ce prend
icy en mauuaise part,parce que c'est en querelle que
ces ressentimens se font, & l'on ne peut que bien
malaisement vuider vne querelle , & se ressentir
d'vne iniure sans s'appeller & mettre l'espee
au poing , non pas que ie vueille dire que l'a-
cte soit meschant , & du tout vituperable:
mais parce qu'il se fait auec la rigueur & la colere,
ie luy baille ce nom c'est à dire l'on se ressent l'espee en la main, & l'autre ressentiment dequoy i'ay
parlé cy-deuât se fait auec honneste façon. Le Cheuallier courageux se ressent tousiours du desplaisir

O iij

qu'il a receu, auſſi l'honneſte homme ſe reſſent volontiers d'vn plaiſir qu'vn de ſes amis luy aura fait,
ce que ne fera vn autre qui n'aura & ne ſçaura aucune ciuilité.

Comme le Cheualier ſe doit reſſentir quand il eſt offencé.

CHAP. XVIII.

IL a eſté cy deſſus dit comme ce mot de
reſſentir ce doit entendre, il faut à ceſte heure parler comme le Cheualier ſe doit reſſentir d'vne iniure qui luy aura eſté faite. Le Cheualier donc qui eſt offencé, ſi l'offence luy a eſté faite
honorablement, le reſſentiment auſſi s'en doit faire
honorablement: comme par exemple ſi quelqu'vn
vous a fait iniure de ſeul à ſeul & vous luy reſpon-
dez non pas ſur l'heure, mais quelque temps apres &
de loin, ou par vne feneſtre, ou luy eſcriuez qu'il a
menty: ce reſſentiment n'eſt point honorable ny
fait en vaillant Cheualier. Brief ſi le reſſentiment
n'eſt autant honorable que la façon de l'offencé eſt
grande, celuy qui a receu l'offence ne ſe peut dire e-
ſtre bien & legitimement ſatisfait de l'offence que
l'on luy a fait: exemple, ſi l'on vous donne vn deſ-
menti de pair à pair, & vous repouſſez ceſte iniure
d'vn coup de baſton, vous outragez bien celuy à
qui vous donnez la baſtonnade, mais pour cela
vous n'eſtes pas ſatisfait de la deſmantie que l'on
vous a donnee, & demeurez touſiours deſhonnoré

infamie, & non celuy que vous aurez si laschement,
& villainement outragé, le Cheuallier donc doit
estre tant aduisé que quand il voudra donner à
quelqu'vn vne parolle d'iniure, il doit demeurer ferme pour faire preuue qu'il veut maintenir son dire,
& non pas de fuir sans attendre la responce de son
ennemy: semblablement celuy qui est outragé par
quelqu'vn, s'il luy respond par vn desmanti, il doit
demeurer ferme apres l'auoir donné pour monstrer qu'il est Cheuallier de valleur pour le maintenir, & obliger son ennemy à s'en ressentir. Voila
comment le ressentiment doit estre honorable ou
deshonorable: car si vous estes offencé par autruy,
vous le ferez appeller ou le manderez que en quelque lieu où le trouuerez, vous luy ferez mettre l'espee au poing: ou luy ferez tenir lettre de cáp pour se
trouuer auec la permission du Prince en camp clos
pour debattre vostre different. Pour bien donc entendre le ressentiment honnorable: c'est quand esgal d'armes & de compagnee l'on met la main à l'espee, ou de seul à seul & pair à pair l'on fait preuue de
son courage & de sa valleur, c'est de ce ressentiment
en quoy ie desire que le Cheuallier d'honneur se
conduise, & suiuant ceste voie il ne trebuchera iamais en deshonneur, & si autrement il se ressent a-
uec actes deshonnorables & illicites, il acquerra le
nom d'vn villain, infame, & d'vn Cheuallier qui a
perdu son honneur, lequel ne peut plus estre mis au
rang pour combattre l'iniure qui luy aura esté faite.
Il arriue quelque fois que deux Cheualliers pren-

nent debat deuant le Prince, dont l'vn est iniurié,
celuy qui est iniurié ne doit craindre de donner vn
desmanti deuant le Prince: car comme l'vn n'a eu le
respect de faire iniure à son aduersaire en la presence du Prince: l'autre n'y est non plus obligé, & le
Prince n'en doit estre marry en s'excusant honnestement & honnorablement, & auec vn honnorable respect: ie suis de ceste opinion que celuy
qui est outragé doit estre plus supporté & fauorisé
que celuy qui a fait l'outrage.

Du refus que font beaucoup en leurs querelles, de deman-
der pardon à leurs ennemis.

CHAP. XIX.

L se trouue fort peu d'hommes qui veullent
demander pardon à leurs ennemis, pour
quelque offence qu'ils luy ayent faite, &
aussi bien peu d'arbitres qui conseillent à leurs parties de le vouloir faire: Ciceron en son oraison qu'il
fit à Cesar pro Ligario pour auoir sa grace il vse de
ces termes: i'ay dit-il à Cesar, souuent plaidé auec
vous deuát les iuges: mais ie n'ay dy iamais pour celuy que ie defends, pardonnez luy (Messieurs,) il a
failly, il n'y pensoit pas, c'est au pere à qui l'on demande pardon. Caton le ieune estant assiegé dans
la ville d'Vticque par Cesar & reduit à l'extremi-
té, il fut conseillé d'enuoyer vers Cesar pour parler
de quel-

de quelque compositió, & se remettre en sa mercy:
Caton respondit que l'on y allast & que l'on ne par-
last point de luy, disant que c'estoit à faire à ceux
qui estoient vaincus de prier, & à ceux qui auoient
fait quelque chose grande & honteuse de demander pardó:il y a quelquesfois des iniures si indigne-
mét faites & contre tout droict de Cheuallerie que
ie pense que celuy qui en est attaint est heureux
d'en sortir pour demander pardon, l'vn dira, mais
c'est faire vne amende honnorable que de demander pardon, l'autre dira que c'est deshonorer vn
gentil-hóme que de le forcer à vn pardon:sur ceste
diuersité les arbitres auiserót de cótenter ces hóne-
stes hómes sans demander pardon, & diront passliós
ce mot *de pardon*, & le transferons à vn autre qui soit
plus aisé:les vns veulent qu'on die, excusez moy,
les autres disent, remettez-le moy, comme estant
le terme plus propre pour les accords:sur toutes ces
oppinions,ie concluray que quád à vn accord, il est
necessaire de demander pardon , que celuy qui le
doit donner ne doit craindre de ce faire , car de
dire remettez-le moy en lieu de pardonnez-moy,
ie ne sçay que c'est à dire remettez-le moy & dye
que ce mot de remettre , n'est pas propre pour les
querelles ny pour les accords.Il en y a qui ont escrit
du combat,mais il ne le prennent pas pour satisfaction,&ne disent point que remettre , esgalle vn
pardon,ie parleray de la remission plus amplement
apres ce chapitre,& aussi des satisfactions , quand
donc il faut faire vn accord,& que l'vne des parties

P

a grandement offencé l'honneur de l'autre, il ne
doit point craindre de luy demander pardon, &
les arbitres d'vne part & d'autre y doiuent tenir
la main: car pour vne iniure faite à vn Cheualier
pour quelque occasion que ce soit, (quand elle est
manifeste, & qu'elle porte deshonneur au Cheuallier) c'est l'ordinaire de demander pardon: & de dire
s'il demande pardon qu'il est deshonoré, ie respôds
que l'autre aussi est deshonoré d'estre outragé: parquoy ie conclus s'il y a du deshonneur que l'vn est
deshonoré d'effait, & l'autre de parolle, & qu'ils se
doiuent aussi accorder, il y en a aussi qui en leur accord veulent que l'on leur demande vne excuse: ie
diray que i'aymerois autant demander pardon que
de m'excuser, si ce n'estoit que l'on eust donné vn
desmenty à quelqu'vn à son aduantage, & que son
ennemy se fust mis en deuoir d'en tirer sa raison
sur l'heure & qu'il en eust esté empesché: en ce cas,
celuy qui auroit donné le desmenty aduantageuse-
ment se deuroit soubmettre à telle raison que de le
prier de l'excuser, auec quelques honnestes parolles
que les arbitres & moyenneurs pourroient trouuer:
mais de gentil-homme à gentil-homme, il ne faut
vser d'excuses, sinon en la qualité que ie l'ay dit. Les
excuses se doiuent faire aux Rois, aux Princes, ou à
quelque grand seigneur, c'est l'office de quelque
homme de mauuais iugement & qui a peu d'entendement de s'excuser.

*De la remission que aucuns demandent pour la satisfa-
Ction de leurs offences.*

CHAPITRE XX.

PLusieurs sont en cest erreur que de dire à leur partie, ie vous prie remettez moy l'offence que ie vous ay faite, c'est bien satisfaire sa partie, & tout autant que si on luy demandoit pardon: ie ne le puis approuuer, parce que ie le trouue en matiere de querelle, que remettre est beaucoup plus que pardonner, les vns veulent dire que remettre vaut autant que pardonner: mais que l'vn est plus doux, il en y a qui ont escrit de ceste remission, mais ils ne la prennent pas pour vn pardon, & disent qu'aux grosses iniures, il y en a qui veulent que l'on se remette entre leurs mains & à leur discretion librement, & pense que tel appointement ne soit point bon ny honneste de faire, veu que si celuy qui est offencé prend satisfaction par ses mains, il fait fort peu courtoisement, & que de tels appointemens le plus souuent on voit les querelles recommancer, si ce n'estoit qu'il eust esté ainsi accordé entre les parties, ce que ie n'ay iamais veu faire, & pense qu'il y a peu d'hommes qui le voulussent faire, ny ne veux conseiller de ce faire, car de se remettre en la puissance de celuy qui est offencé pour en tirer sa raison, seroit bien plus grief que de demander pardon. Ie dis dauantage que si la que-

relle est refroidie,&qu'elle soit traittee par appointement, il est plus propre de traitter par remission
I'en ay veu qui s'y sont oppiniastrez & ont esté fermes que la remission esgalloit le pardon,ie suis d'a-
uis qu'ils changent ceste opinion en vne qui soit
plus conuenable pour les querelles & satisfactions.
Et pour verifier ma raison:remission est chose diuine,& n'appartient qu'à vn seul Dieu de remettre
nos fautes, il se l'est reserué quand nous luy en de-
mandons pardon , les hommes se doiuent pardonner les vns aux autres quád il y a quelque dissention
entre eux , c'est le commandement de Dieu , il ne
faut pas vsurper ce qui appartient à Dieu , ce seroit
abuser de sa diuinité,car entre les dons de Dieu , la
remission tient le plus grand & le plus haut lieu:
pour nostre remission, le fils de Dieu est venu pour
lauer vne fois les pechez de ce monde : voila comme par faute de bien entendre que c'est que remission,les arbitres qui sont appellez pour les querelles
s'y abusent pensans que remission soit moindre que
pardon:Il y a des termes qui sont plus propres pour
les satisfactions.

De ceux qui ne veulent auoüer la cause & le subject de
leur querelle.

CHAPITRE XXI.

Outes les satisfactions qui se font sur les iniures doiuent estre fondées sur la verité, tellement que celuy qui a tort le doit aduoüer
tout Cheuallier doncques qui taxe son compagnon
d'vne iniure est tenu de luy reparer, parce que le
Cheuallier qui a son honneur en recommandation
ne voudroit souffrir que l'on amoindrist sa reputation & son honneur, & est desireux de le conseruer
y voulant exposer sa vie: ie diray doncques que ces-
sant le subiect & l'effait de la querelle, il n'y a moyen
aucun de pouuoir accorder honnestement les deux
contendans: personne ne peut nyer qu'en vne telle
entreprise, il ne faille suiure la verité : parquoy le
Cheuallier se doit bien garder de desaduoüer ce
qu'il fait ou qu'il dit: aussi les arbitres y doiuent bien
prendre garde de ne proceder point en vne querelle que le subiect de la querelle ne soit exactement
bien aduoüé, & puis apres il y procederont beaucoup plus dextrement & au contentement des parties & selõ leur desir. Ie sçay qu'en quelques accords
les arbitres veulent que celuy qui a donné l'iniure le
nye tout à plat, ou qu'il n'en soit fait aucune men-
tion, ce que ie ne peux approuuer : car puis que la
parole est ditte, lon n'est pas receu à la reuoquer,

ny moins de la nier, mais il l'a faut rabiller le plus honneſtement que faire ſe pourra.

Des ſatisfaſtions.

CHAP. XXII.

L y a des ſatisfaſtions qui ſe font entre Cheualiers qui ſont pour iniures de faits & de parolles. Les Cheualliers en veulent eſtre reparez & bien ſatisfaits, afin que les inimitiez qui pourroient eſtre entr'eux fuſſent aſſoupies: i'en parleray de quelques vnes afin que ceux qui voudront baſtir des accords, en puiſſent prendre quelque aduis, ſans toutesfois vouloir apprendre au lecteur choſe que de luy meſme il ne puiſſe bien faire & inuenter: mais parce que ie ſuis paruenu iuſques à ces termes que de parler des querelles & des combats, & de ce qui en peut venir il m'a ſemblé bon de dire quelque mot des ſatisfaſtions.

Quand doncques quelqu'vn aura tiré raiſon d'vne iniure que l'on luy aura faite, pourra dire à ſa partie, que s'il n'euſt eu occaſion de ce faire qu'il euſt eſté bien marry de le faire autrement, & que ſans occaſion qu'il auroit mal fait & non en Cheualier d'honneur, & que pource qui c'eſt paſſé, il le prie de ne ſe ſeparer de l'amitié qu'ils ont eu enſemble. Sa partie ſe deura contenter, regrettant l'auoir offen-

té, & que par l'aduis de ces amis en veut demeurer
contant.

Si deux Cheualiers mettent la main à l'eſpee ſeul
à ſeul dont l'vn demeure bleſſé pour ſatisfaction:
celuy qui auroit bleſſé ſon compagnon luy pourroit dire:ie vous tiens pour gentil-homme d'honneur & de braue valleur qui m'en auez fait preuue,
comme le gentil-homme d'honneur doit faire:c'eſt
le ſort des armes qui l'a ainſi voulu ie vous prie que
nous demeurions amis. Son aduerſaire luy pourra
reſpondre, puis que vous me tenez pour gentil-
homme d'honneur que vous auez cogneu que ie
n'ay point manqué au combat que nous auons eu
enſemble, ie me contente de la preuue que ie vous
ay fait de mon courage.

Si quelqu'vn auoit offencé vn autre ſans raiſon &
mal à propos,luy pourroit dire, ie recognois mon
erreur &aduoüe d'auoir fait choſe que ie ne deuois
pas faire,&côtre tout droict de Cheualier d'hôneur,
ie vous prie de m'excuſer & de la vouloir oublier.
Son aduerſaire luy doit reſpondre, puis que vous
cognoiſſez l'offence que vous m'auez faite, & que
vous vous en repentez, ie me contente de mon
honneur & ne veux point du voſtre. Si quelqu'vn a-
uoit outragé vn Cheualier & apres s'en ſeroit fuy &
celuy qui eſt outragé fiſt ſon deuoir ayant mis la
main à l'eſpee pour en tirer ſa raiſon,&toutesfois ne
le pourroit attrapper, celuy qui a fait l'offéce pourroit dire: Ie vous ay offencé contre tout droit de
Cheualier d'honneur & de valleur, ie cognois

ma faute, ie vous prie de me le pardonner, estant af-
seuré que si ie me fusse arresté lors que vous m'auez
couru vous estiez pour en tirer vostre raison comme le Cheualier d'honneur doit faire. Celuy qui est
outragé doit respondre: puis que vous aduoüez en
la presence des gentils-hommes qui sont icy presens, que apres m'auoir frappé d'auoir fuy & que
c'est contre tout droict de Cheualier de valleur &
que vous cognoissez l'acte que vous m'auez fait, &
que i'estois pour en tirer ma raison, i'en veux demeurer contant & satisfaict.

Si quelqu'vn auoit donné vn coup de baston à vn
Cheualier : il luy pourroit dire. Ie vous ay outragé
à mon aduantage & contre tout droit de Cheualier
& de gentil-homme d'honneur estant asseuré, si ie
vous eusse appellé seul à seul vous eussiez fait tout
ce que le gentil-homme d'honneur & homme de
bien doit faire pour ne faire raison de tout ce que
ie vous eusse demandé, i'ay tres-mal fait & m'en des-
plaist grandement, ie vous prie de me le pardonner.
Et si ce que ie vous dis ne vous contente, ie vous le
feray comme il vous plaira & à vos amis de l'ordonner: celuy qui est offencé se doit tourner vers ces arbitres, i'ay mis mon honneur entre vos mains, ie vous
prie de me dire si i'ay occasion d'estre contant, lesquels luy doiuent dire qu'il y a occasion de se contenter, puis que sa partie ce met à ceste raison de
luy faire telle satisfaction qu'il luy plaira: & lors luy
pourra respondre, puis que vous cognoissez que
l'acte que vous m'auez fait est contre tout droict
de Che-

de Cheuallier d'honneur , & que vous vous en repentez par l'aduis de mes amis , ie m'en contenté ne
voulant rien de voftre honneur, defirant de garder
le mien , fi cefte forme n'eft bonne , il s'en peut
trouuer d'autre.

Si quelqu'vn veut faire accroire à vn autre qu'il a
tenu vn lãgage qui n'eft pas veritable & qu'il en veut
eftre reparé: il luy peut refpondre pour fatisfaction
qu'il auoit toufiours eftimé que ce qu'il auoit dit
fuft ainfi comme il l'auoit ouy dire, mais qu'il co-
gnoift bien la verité & qu'il en eft bien marry de
l'auoir dit.

Si quelqu'vn auoit mal parlé d'vn autre pour fatisfaction luy deuroit dire. Ie ne penfe pas auoir dit
vn tel propos, & fi ie l'ay dit i'ay mal parlé i'en fuis
fort marry. Ie vous prie excufez-moy , ou oubliez
tout ce qui s'eft paffé entre nous , ou qu'il n'en foit
plus de memoire , ou tout ce qui c'eft paffé entre
nous foit mis fous les pieds , l'oubliant fans plus en
parler, ny vouloir rafrefchir noftre different , l'on
pourroit trouuer beaucoup d'autres termes fort
conuenables fur femblable querelle , & qui pourroient feruir à plufieurs autres fatisfactions pour
des querelles. Il fe peut adioufter à toutes ces fatisfactions tant de celles de fait que de parolle , ces
termes: & fi ce que ie vous dis ne vous còntente, i'en
croiray ce que vos amis, & les Cheualliers d'honneur en diront: ou bien : & fi vous m'auiez offencé

Q

& que vous m'eussiez fait semblable satisfaction ie
m'en contenterois.

Il y a des satisfactions qui ont esté inuentees que
ie trouue fort bonnes & bien pertinantes : deux
sont en querelle les moyenneurs taschent à les mettre d'accord, & les priét de mettre par escrit les parolles qu'ils ont eu ensemble, il se trouue qu'il y a
fort peu de difference en leur langage : sur cela les
arbitres voyans qu'ils ne different point aux propos qu'ils ont eu, aduisent de leur dire : Messieurs,
voyant le differant qui est entre vous, & que vous
estes d'accord en vos parolles, vous n'auez point
d'occasion de vous rechercher ayans tous deux
fort bien satisfait à vostre deuoir, nous vous prions
tous de demeurer amis comme vous auez esté cy-
deuant : ie pense auoir esté des premiers inuenteurs
en mes quartiers de ceste procedure, à ces exemples on y pourroit adiouster ou faire d'autres semblables satisfactions qui sont en commun vsage
entre les Cheualliers.

Pour accorder des gentils-hommes qui ont querelle, il est necessaire de sçauoir le fonds & l'origine de leur querelle.

CHAP. XXIII.

Vand l'on accorde vne querelle, les arbitres doiuent toufiours fuiure le fubiect d'où elle eft fortie: ie ne parle pas fans raifon, parce que c'eft vne couftume que l'on ne regarde finon d'accorder le mal qui eft apparent, qui procede de bien peu de chofe, comme d'vne fimple parolle qui a efté dite, il en eft forti vne groffe querelle, l'vn c'eft trouué bleffé de force coups d'efpee, pour les accorder, l'on ne regarde qu'aux coups d'efpee & non pas au fubiect qui les force d'entrer en preuues d'armes, ce font quelques parolles qui ont efté dittes mal à propos, cela eft le fonds & l'origine de leur querelle, & quand telles occafions fe prefentent aux arbitres, & qu'ils les obmettét cela ne tourne pas beaucoup à leur loüange, c'eft toutesfois le vray chemin qu'il faut tenir pour bien terminer vne querelle, & maintiens que iamais elle ne fera bien accordee fi les arbitres ne regardent dextrement le fonds & le mal de leur difpute. Nous pourrions bien debattre le contraire, & dire qu'encore qu'il ne faille venir à l'origine de la querelle pour la bié determiner, il pourroit arriuer que les circonftances & ce qui en pourroit eftre

suruenu seroit si rude qu'il excederoit le premier
subiect, & que par necessité il les faudroit accorder
autant ou plus pour ceste raison que pour l'origine
& le fonds de la querelle. Mais encore que cela fust
ie persisteray tousiours qu'il faut sonder la premiere matiere de leur debat, & puis apres l'on pourra
plus aisement accorder les circonstances qui en
sont suruenues, autrement ie pense qu'ils ne seront
pas bien d'accord, le meilleur seroit de preuenir , &
quand la querelle est bien formee promptement les
amis aduisassent de les mettre d'accord, afin que ceste querelle n'engendrast de plus grand mal.

S'il est necessaire de faire embrasser deux gentils-hommes
qui ont eu querelle apres qu'ils ont esté appointez.

CHAPITRE XXIIII.

QVand vne querelle est accordee les arbitres
sont desireux de rendre les parties amies , &
les prient de s'embrasser en signe d'amitié:
c'est à celle fin que quãd ils se verront vne autre fois
ils soient plus prompts à se saluer:& à la verité ceste
embrassade est vn tesmoignage de vouloir oublier
ce qui c'est passé entre les parties, ou pour le moins
en vouloir demeurer contant. Et quãd l'on cognoistra que l'vn des deux ne s'y veut ranger, l'on pourroit iuger qu'il y a encore quelque ressentiment, ou
qu'il ne veut point demeurer son amy: aussi ie croy

qu'il n'eſt pas grand beſoin de les faire embraſſer,
parce qu'il eſt tout euident que ceſte embraſſade
ne procede point d'vne bonne & naïfue volonté:
comme par exemple, deux Cheualliers qui auoiént
querelle, ſe ſont ſoubmis d'en croire leurs amis tou-
chát leur differant: apres eſtre d'accord, l'on leur demande s'ils ne ſe veullent pas embraſſer & demeurer amis, l'vn reſpond, qui eſt poſſible celuy-la qui
eſt le plus offencé: ie me contente d'eſtre ſatisfaict,
ſelon l'aduis de mes amis, mais de l'embraſſer ie ne
le feray point, de ce qui ceſt paſſé entre nous deux, ie
ne luy en demáde rien ny ne m'en veux reſſétir: mais
ie ne puis eſtre ſon amy: il ſe peut que l'on ne ſera
point amy d'vne perſonne, & toutesfois l'on n'aura
point de querelle à luy : ie ſçay aſſez d'appointemens qui ſe ſont paſſez en ceſte maniere. Mais les
arbitres leur pourroient dire. Vous voila d'accord
du differát que vous auiez : il nous ſemble que vous
n'auez plus de ſubiect de vous rechercher, nous
vous prions & toute ceſte compagnee qui eſt icy aſ-
ſemblee de demeurer amis, & ſans les forcer de reſpondre ny de s'embraſſer. Ie ſçay bien que pluſieurs trouueront mauuaiſe mon opinion, ſi eſt-ce
que ie penſe en parler auec raiſon, & (ſelon mon
iugement) auec verité. Toutesfois ne me voulant
deſtourner de l'accouſtumee façon & du ſtile que
l'on obſerue aux appointemens, ie concluray
qu'en vn accord de deux Cheualiers qui ont querelle, il eſt bon ſelon Dieu & raiſon de les mettre

d'accord, & les rendre amis , mais non pas que la
neceſſité le commande , ſi ce n'eſt de la bonne volonté des parties.

---

*Si deux Roys doiuent combattre particulierement pour
leurs Eſtats.*

Chapitre XXV.

Este queſtion eſt diſputee par beaucoup de
ſçauans perſonnages leſquels ne ſont tous
d'vne meſme opinion : les vns ne conſen-
tentpas que les Rois combattent particulierement,
& alleguent des raiſons pour confirmer leur dire
qui ſont belles & fort raiſonnables. Le ſeigneur
Muſſio eſt de contraire opinion à tous, & dit abſo-
lument que les Roys ſont tenus en leur propre
perſonne de cõbattre auec l'eſpee & ſeul à ſeul leur
Royaume contre celuy qui s'en voudroit emparer,
ſans que les ſubiects ſoient participans en ceſte querelle : ie ne puis paſſer ceſte opinion ſous ſilence : ie
croy que les Eſtats du Royaume ne permettront iamais qu'vn Roy azarde ainſi ſa courõne & ſon pays.
Pluſieurs raiſons ſont apparétes pourquoy vn Roy
ne doit combattre ſeul à ſeul vn autre Roy , parce
que ce ſeroit mettre au azard ſon Royaume, ſa perſonne, ſes enfans & ſes ſubiects : s'il venoit à eſtre
vaincu ce ſeroit vne notable race du tout eſteinte &
ſon Royaume perdu, parce que ces ſubiects n'ont

pas voulu prédre les armes pour ſa defence, ie croy
auſſi que tous les eſtats du Royaume ne le conſen-
tiront iamais, meſmement vn Roy qui eſt venü legitimement & qui a ſuccedé à la couronne : mais ie
penſe que Muſſio fauoriſoit le combat de la lignee
des Amadis de Gaule, leſquels par leurs combats
particuliers de Cheualiers à Cheualiers faiſoient
preuue de leur proüeſſe, en ce temps là cela eſtoit
ſuperbe, ſi l'on y veut adiouſter foy, que l'on regarde par tous les diſcours des monarchies l'on
trouuera qu'elles ont eſté toutes debatuës & con-
quiſes à forces d'armes : Nynus ce fit Roy des Aſſiriens & ſes ſucceſſeurs en iouyrent long temps, &
par la diſcorde qui fut entr'eux Cyrus ſe rendit Roy
& Monarque des Aſſiriens & des Perſans, apres que
ſes ſucceſſeurs en eurent iouy long temps : & par la
diſcorde qui fut entr'eux Alexandre le Grand apres
auoir ſubiugué leſdits Perſans & Aſſiriens conquiſt
la floriſſante monarchie des Grecs, & apres ſa mort
tous ces Royaumes furent empietez par beaucoup
de ſeigneurs : puis les Romains ſe redirent maiſtres
du tout, ce qui eſt demeuré à Ceſard & à ſon ſuc-
ceſſeur Octauius, qui eſt la quatrieſme monarchie :
tous ces pays dont ie viens de parler, ces Royaumes
& monarchie ont eſté conquis à force d'armes, &
non pas d'homme à homme & de Roy à Roy : auſſi
ie croy que ce ſeroit vne gráde imprudence de mettre vn Royaume en proye à faute de le ſçauoir bien
defendre, & vne puſilanimité trop grande que les

subiects ne s'y opposassent de viues voix. Le Roy
Charles septiesme Roy de France se trouua destitu-
de la plus grand part de son Royaume par les An-
glois, mais à force d'armes il leur osta tout ce qu'ils
possedoient , & n'y sont pas rentrez depuis, estant
bien assisté des seigneurs de son Royaume & de ses
subiects. Nous auons demandé à Dieu des Roys
pour nous gouuerner, & nous a commandé de leur
obeyr: puis que nous auons vn Roy il le faut aymer
honnorer, & obeyr à tous ses commandemens , &
luy ayder à conseruer son Estat, autrement Dieu en-
uoyeroit mal-heur aux subiects qui n'auroient sceu
obeyr & defendre leur Roy.

LA TRO.

LE COMBAT DE

SEVL A SEVL EN CAMP CLOS.

PARTIE TROISIESME.

'Ay assez amplement parlé des appels qui se font entre les Cheualiers & ay deduit ce qui m'a semblé
estre propre de rapporter pour ce
subiect i'y ay aussi apporté que le
Cheualier ne doit craindre de de-
mander pardon d'vne iniure qu'il aura faite mal à
propos & contre son deuoir, ensemble des satisfactions qui se doiuent faire tant de parolles que de
faits, & si deux Rois doiuent combatre de seul à
seul pour leur Royaume : nous parlerons à ceste
heure en ceste troisiesme partie des arbitres & de
leurs qualitez, & de ceux qui doiuent estre appellez
pour decider des querelles: auecques d'autres questions & demandes qui sont propres & vtiles pour
ce subiect de Cheuallerie, & digne qu'vn Cheualier
d'honneur en soit instruict.

R

De la condition des arbitres & de leur qualité.

CHAPITRE PREMIER.

IL est fort difficile de trouuer des arbitres qui soient propres & aduisez pour conclure & terminer des accords des querelles qui suruiennent: encores que tous se sentent capables d'exercer ceste honnorable vacation. Pour donc bien en parler il faut choisir vn arbitre qui soit gentil-homme d'honneur, sage, aduisé, & bien entendu: c'est chose fort louable de trouuer vn arbitre de telle condition: aussi l'on estime estre vn don de nature quand les personnes sont accompagnees de telle perfection. Ce n'est pas pour en blasmer personne, ie m'asseure que l'on me confessera qu'il y en a qui sont pleins de bon conseil & plus prests à dóner de bós aduis. Comme l'on voit de meilleurs iurisconsultes & d'opinion plus certaine à quoy beaucoup d'honnestes hommes cedent & les preferent aux autres: ainsi est-il des grands capitaines que les Roys choisissent pour conduire leurs armees qui sont experimentez aux affaires & maniement & conduite des armes, cela prouient d'vn don de nature qui a voulu distribuer les facultez à telles personnes: voila pourquoy c'est chose rare d'en trouuer beaucoup: aussi quand il se presente vne querelle en vn pays entre deux gentils-hommes il faut que les parties prennent les plus sages & experimentez au fait des armes pour mieux sçauoir debattre le fait de leur partie, c'est pourquoy ie suis d'opinion que malaisement l'on pourra disputer le droit de sa partie, mesmement quãd il est questió d'vne querelle où il y va du deshó neur, que celuy qui est arbitre n'ait hanté la guerre, ou qu'il n'ait veu & entendu la pratique de bien accorder les querelles, & comme elles se doiuent terminer parce que c'est le lieu où l'on entend parler de l'honneur: il faut croire que quand vn gentil-homme a commãdé qu'il est beaucoup plus signalé & honnoré & propre à parler des accords, que celuy qui se seroit reposé aux priuees affaires de sa maison. Et encore que l'on prinst vn arbitre qui fust querelleux ou qui l'eust esté, il ne deuroit pour cela estre rejetté de la compagnee des arbitres : ce sont ceux-là, (selon mon iugement) qui demesleroient plus d'affaires & éplucheroient mieux les circonstances, & resoudroient mieux les poincts de la querelle, parce qu'ils y ont passé & y sont experimentez. Mais i'entens qu'ils se fussent deuestus de leurs premieres actions & qu'ils les eussent changees en vne humeur facille & plus douce: comme il y en a que l'on a veu fort grands querelleux qui se sont faits honnestes hommes, plus posez & d'vne humeur modeste: & s'il est possible, prendre vn arbitre qui soit gentil-homme: ie craindrois fort que ceux qui en prennent d'autres se fissent tort, non pas qu'il n'y ait d'honnestes hommes qui ont titre de capitaines, & qui sont

R ij

sages & aduisez & de bon conseil:mais la qualité &
l'authorité de celuy qui est gentil-homme bien
souuent amoindrist la qualité de celuy qui ne l'est
pas, & venant à le desdaigner cela est occasion
que les accords & appointemens se rompent ou
ne sont si bien faits ny examinez. Il se fait aussi des
accords que les parties veulent & consentent que
cela se passe pardeuant vn grand seigneur, ou vn
tiers qui sert d'vn superieur pour en iuger, cela est
fort expedient en certaines querelles qui peut estre
sont si difficiles pour auoir affaire à des parties si op-
piniastres qu'il est besoin d'auoir vn grand pour
en faire iugement & en determiner auec l'aduis
des arbitres & des parties:mais aussi il faudroit que
celuy qui est ainsi delegué pour estre vn tiers, ne
fauorisast le party plus de l'vn que de l'autre, &
embrassast si dextrement ceste affaire pour en iuger selon le droit & la raison, qu'il les rendist con-
tans, & s'il faisoit autrement il ne seroit pas digne d'estre appellé à vn tel arbitrage ny d'estre esleu
pour tenir le rang de iuge superieur,ce faisant ce seroit esté iuge & partie.

Qu'il est besoin de sçauoir le nom des arbitres.

CHAP. II.

'EST vne couftume qui eft fort mauuaife que ceux qui ont querelle, quand l'on leur parle de s'accorder & de prendre des arbi-tres, ils les tiennent fecrets ne voulans qu'ils foient cogneus iufques au iour de l'arbitrage, ie fuis d'o-pinion contraire & qu'il faut que les parties nom-ment leurs arbitres & qu'ils foient cogneus, autre-ment il pourroit arriuer qu'ils ne feroiét de qualité femblable, ou ennemis, ce faifant ce feroit d'vne querelle en faire deux. Mais il eft neceffaire que les arbitres foient amis, ou pour le moins qu'ils fe co-gnoiffent. Ie feray doncques de cefte opinion que ceux qui ont querelle deuant que fe trouuer au iour d'vn arbitrage, que les vns & les autres choi-fiffent des arbitres qui foient egaux, s'il eft poffible, d'honneur, de grade & de maifon, & amis, car il ne faut douter que cefte honnefte frequentation & cognoiffance qu'ont les arbitres l'vn de l'autre, eft bien fouuent occafion que les accords fe paffent plus facilement.

R iij

*De ceux qui moyennent vn accord pour vne querelle
suruenuë.*

CHAPITRE III.

IL y a des gentils-hommes de si honneste
condition que quand ils cognoistront vne
querelle entre leurs parens & voisins qui
fust promptement & inopinement suruenuë, in-
continent ils se presentent à prendre la parolle des
deux querelleurs, & les prient apres auoir eu leur
parolle, de ne se rechercher point iusques à ce qu'ils
ayent prins iour d'arbitrer par l'aduis de leurs amis.
Ceste procedure est fort louable & digne d'vn gentilhomme d'honneur: ie desirerois que ceste honneste façon de faire fust continuee, l'on ne verroit si
souuent la noblesse s'appeller au combat comme
l'on fait auiourd'huy. Il faut aussi que le moyenneur
s'y gouuerne si bien & auec telle dexterité, qu'en
prenant la parolle des deux contendans ils n'y soiét
point surpris ny offencez, car si cela aduenoit ce ne
seroit pas proceder en Cheuallier d'hôneur ny valeureux: comme si en vne querelle qui seroit suruenuë entre voisins, vn gentil-homme amy commun pour les empescher de s'appeller print la parolle de l'vn, & l'autre le remist au lendemain, ce-
pendant ce dernier va faire vn appel à son ennemy
qui auoit donné sa parole le premier, ie demande
comme cest appel se doit nommer: ie diray que le

moyenneur a fait tort au premier qui luy auoit
donné sa parole, & qu'il n'y est point obligé & la
doit reuoquer comme y estant trompé, & peuuent
disputer de leur querelle comme ils pouuoient faire auparauant: & combien que le premier ait donné sa parolle ie maintiens qu'il est bien appellé &
qu'il faut qu'il y satisface promptement & à mesme
instant, ou autrement il feroit tort à son honneur,
& le moyenneur auquel il auoit donné sa parolle
n'y est point offencé : encor que celuy qui auoit
donné sa parolle se pourroit plaindre de luy, parce
qu'il y auroit apparēce qu'il embrassast plus vn parti que l'autre, dequoy vn moyenneur ce doit bien
garder de faire, car il n'y auroit pas beaucoup
d'honneur, ny moins de reputation. Il faut en telles affaires estre fidelle & point passionné autremēt
le moyenneur se deuroit nommer vn trompeur.
Ie bailleray en ce lieu vn aduis à ceux qui voudront
moyenner vn accord pour vne querelle. C'est que
celuy qui doit faire l'appel doit le premier donner
sa parolle, parce que c'est celuy qui est le premier
offencé, & est necessaire que le moyenneur prenne
sa parole le premier & qu'il s'en tienne pour certain
& bien asseuré, & puis apres il prendra la parolle de
l'autre : il n'est pas raisonnable de prendre premierement la parolle de celuy qui a fait l'offence, puis qu'il n'a rien à luy demander : mais
il faut prendre la parolle de celuy qui est offencé afin que celuy qui a fait l'offence n'y soit point

surprins, & apres que tous deux auront donné leur
parolle qu'ils y procedent cheualleureusement &
ne se departent point de l'honneur de cheuallerie
& de leur promesse, & s'il le faisoient autrement le
moyenneur ce doit plaindre du tort qu'ils luy font.
La parolle entre Cheualliers doit estre veritable, &
vn Cheuallier ne doit manquer de sa parolle à vn
autre Cheuallier, s'il ne veut estre tenu pour per-
fide & meschant.

CHAPITRE IIII.

IL n'y a rien si loüable ny qui doit estre tant
estimé que la promesse qui doit estre si chere, que quand l'on a fait vne promesse il la
faut tenir inuiolablemét, c'est l'office d'vn honneste
Cheuallier. toutesfois si la promesse n'est pas raisonnable, & qu'elle contreuienne au deuoir d'vn Cheualier ou qu'elle ne soit en sa puissance de la pouuoir
tenir, il est excusable. Comme la promesse n'estant
chose forcee, mais liberalle & volontaire qui ne
doit exceder outre la puissance, parce que personne
n'est obligé à choses impossibles : aussi au contraire
si vous auez promis de ne tenir point le parti de
l'ennemy de vostre amy, & toutesfois vous l'accompagnez & luy faites plaisir, alors vostre amy auquel vous auez fait de si belles promesses, a raison
de se plaindre de vous : car vous luy faites lors vn
acte d' perfidie. Les promesses doncques entre
gentils-hommes

gentils-hommes,& amis se doiuent tenir : il n'y a
rien qui tant oblige vn Cheuallier que la parolle,
quand elle est vne fois dite & promise, il l'a faut te-
nir:ie dy bien d'auantage qu'elle doit estre tenuë a
qui que ce soit. Auguste Cesar sit publier que qui-
conques pourroit prendre Crocotas le plus grand
& experimenté volleur qui fust en toutes les Espa-
gnes à celuy là il luy feroit donner vingt-cinq mille
ducats,Crocotas en estant aduerty luy-mesme se
va representer à Augustes& luy demande les vingt-
cinq mille ducats, Cesar pour monstrer qu'il faut
garder sa promesse sans auoir esgard au merite de
ce volleur,les luy sit donner,& aussi sa grace. Mes-
sius qui estoit dictateur d'Albanie , parce qu'il n'a-
uoit tenu la promesse qu'il auoit faite aux Romains fut tiré à quatre cheuaux, voyla comme les
Roys qui ont fait des promesses ont esté condamnez & ce sont condamnez eux-mesmes,à plus
forte raison celuy qui porte titre de gentil-homme
doit auoir la parolle chaste & veritable, sa promesse doit estre inuiolable, & si le Cheuallier la fausse,
il fait vne grande tache à son honneur qui est irre-
parable.Que le Cheualier prenne donc bien garde
de ne s'engager point tant de parolle qu'il ne tienne sa promesse.

S

Quand un gentil-homme a dit une parolle s'il est tenu
de nommer celuy qui luy a dite.

CHAP. V.

CEste demande n'est pas sans difficulté, beaucoup seroient d'opinion que le gentil-homme qui a dit vne parolle qui importe consequence est tenu pour sa iustification de nommer celuy qui luy a dite, pour rendre preuue qu'il ne l'a point controuuee, il s'en trouueroit d'autres qui opineroient qu'il ne doit estre contrainct ie serois d'opinion que quád vn Cheualier à dit vne parolle qu'il ne peut estre nullemét obligé de nommer celuy qui luy à dite s'il ne luy plaist: il suffit qu'il dise: ie suis gentil-homme fort homme de bien & veritable en mes parolles, ie n'inuente rien ny ne le voudrois faire, qui puisse diffamer la bonne renommee d'autruy, ce que ie vous ay dit contient verité. Cela est rigoureux de forcer vn Cheuallier d'honneur de luy faire dire tels propos s'il ne luy plaist, il ne faut toutesfois celer ce qui importe à son amy sans alleguer de qui vous le tenez, quád à moy i'approuue grandement ceux qui aduertissent leurs amis de ce que l'on dit ou que l'on fait contre eux & ceux ne font le deuoir de vrais amis qui ne les aduertissent de ce qu'on fait à leur preiudice, il n'y a homme qui peust me garder d'auertir mon amy du mal que l'on luy procure, ou de ce que l'on dit de

luy, ny qui me deust forcer de luy nommer de qui
ie le tiens.

Que les assemblees doiuent estre defendues par toutes
les Prouinces.

CHAP. VI.

E Roy doit estre desireux du repos, concorde, & vnion de son peuple, il doit aussi
faire en sorte que les querelles qui suruiennent entre ses subiects soient appaisees & empescher qu'elles ne paruiennent iusques à ce que l'on
soit contrainct de prendre les armes. Pour euiter
ceste occasion il doit defendre toutes assemblees
illicites, & donner expres commandement à tous
ses gouuerneurs de pays & prouinces, de souffrir
qu'il s'en face aucune en leur gouuernement, cela
rapporte vne infinité de maux & d'assassignats: parce que s'il y a vne querelle en vn pays entre deux
ayans de l'auctorité & des amis vn chacun employe
tous les moyés qu'il peut auoir pour la deffence d'i-
celle: de maniere qu'il ne se trouue persône de qualité qui la puisse empescher de cela il en procede
d'autres querelles, en sorte que dans vn gouuernement vous en verrez plus de vingt estant sorties
toute presque d'vne, & s'il y auoit vn gouuerneur
d'authorité & qui fust demeurant sur les lieux
pour reprimer ceste soudaine furie, & commander
expressement à vn chacun de poser les armes & se

tenir en sa maison sans faire aucune assemblee tou-
chant tels debats qu'il n'en ait la cognoissance pour
les mettre d'accord, cela seroit vne voie fort salu-
taire pour le public. Pour ce faire il faudroit que le
Roy fist vn Edit solemnel „ par lequel il defen-
dist toutes assemblees illicites pour quelque
raison & occasion que ce fust, & qu'il veut & entend que ses gouuerneurs prennent la cognoissance de toutes les querelles qui suruiennent en leur
gouuernement, & que nul ne soit si osé ny si hardi de prendre les armes à peine de lavie, aussi le gouuerneur de la Prouince doit sçauoir s'il n'y a point
de querelle dans le pays, & s'il est aduerti qu'il y en
ait quelques vnes, mander aux parties de venir vers
luy pour entendre leur differant & les accorder: &
si leur querelle estoit de telle consequence qu'ils
fussent contraincts devenir aux armees, ou qu'ils ne
voulussent obeyr à son mandement, lors il faut que
rigoureusement il leur mande s'ils ne posent les armes & s'ils ne se deportent de faire telle assemblee
qu'il leur courra sus selon la volonté du Roy. Ce-
pendant ce sera tres-sagement procedé d'aduertir
le Roy de ce tumulte, afin qu'il plaise à sa majesté
dy pouruoir: lors le Roy doit mäder les deux parties
venir vers luy, puis qu'ils ne veullét cesser ny obeyr
à ses ordönances ny au gouuerneur du pays, & leur
faire vne correction bien seuere & les réuoyer d'accord en leur maison, & s'il ne vouloient obeyr au
mandemét du Roy cela est capital. S'il y estoit procedé en ceste maniere vous verriez dans le Royaume tout le monde en paix & sans querelle.

Quelle forme doiuent suiure les gouuerneurs des prouinces pour appaiser les querelles suruenues en leur gouuernement.

CHAPITRE VII.

E parleray à ceste heure de la forme &
de la maniere que les gouuerneurs des
prouinces doiuent suiure pour accorder les querelles, si sa Majesté l'auoit a-
greable, c'est que quand le gouuerneur voudroit
faire l'accord d'vne querelle qu'il donnast iour aux
parties & dans la principale ville du pays, sans que
les parties fussent tenues d'auoir aucun arbitre pour
eux: mais il faudroit en lieu d'arbitres que le gouuerneur prinst auec luy six des plus signalez & notables & experimentez gentilshommes de son gouuernement, & qui eussent commandé, pour decider
des querelles, & que les parties en passassent par
leur aduis: & ces gentils-hommes qui accompagne-
roient le gouuerneur deuroient estre ordonnez par
le Roy ausquels sa Majesté donneroit tous les ans
gages qui seroient payez par les reçeueurs ordonnez en la recepte dudit gouuernement: il me semble que le Roy ne pourroit faire vne plus digne &
honorable despence que celle la, & qui plus reüsi-
roit au profit de la patrie, & ceste assemblee se pourroit nommer la chambre des arbitres, ou le conseil de la prouince, qui se tiendroit quatresfois l'an,

ou plus selon les occurrences, en la principalle ville
du gouuernement où le gouuerneur ou son Lieutenant presideroiét, dont seroient tenus les parties
d'en croire & passer par l'aduis qui en auroit esté
donné, & si la querelle estoit de si grande consequence que les parties ne voulussent consentir au
dire du gouuerneur & de son conseil. Le gouuerneur les doit renuoyer deuant sa Majesté auec ce
qui en aura esté deliberé, afin qu'il cognoisse que
l'on a bien procedé en cest accord, sinon le fera re-
uoir & amender par son conseil si besoin est, pour
leur en faire telle raison que besoin sera.

---

*Qu'vn Cheuallier d'honneur entendant mal parler de
son amy y doit respondre.*

CHAPITRE VIII.

Cipion l'Affricain disoit qu'il n'y auoit
chose tant difficile que de garder l'amitié à iamais & iusques au dernier iour de
sa vie : mais Iulle Cesar, comme raconte
Suetone gardoit l'amitié qu'il portoit à quelqu'vn
constamment, & ne la perdoit que fort malaisement l'amitié que nous nous sommes promis de
nous porter l'vn à l'autre, doit estre si loyalle & tant
fidelle qu'elle doit demeurer perpetuelle afin qu'en
nos affaires de necessité nous puissions estre asseu-
rez de la fidelité d'vn bon & legitime amy pour

nous fecourir , confeiller & fauorifer quand
nous en aurons neceffai rement affaire , foit en noftre abfence auffi bié qu'en noftre prefence:&ne fe
doit point feparer cefte amitié pour de petite & legeres occafions,vn bon amy fidelle rond & entier,
vaut autant qu'vn riche threfor,& ne peut-on defirer de plus grandes richeffes en ce monde,le bon
amy qui vous fera fidelle f'effaiera toufiours de
vous porter tefmoignage de l'entiere amitié qu'il
vous a vouee:de maniere qu'il eft fort raifonnable
que cefte amitié foit reciproque & mutuelle , il fe
trouue que l'amitié d'Amon&dePhifias fut fi grande qui eftoiét deux nobles capitaines:l'vn d'eux fut
conftitué prifonnier par Denis Roy de Cicile & enuoyé àCyracufe,lequel levouloit faire mourir mais
il pria le Roy de luy permettre d'aller en fa maifon
pour mettre quelque ordre à fes affaires deuant que
mourir, & qu'il bailleroit fon compagnon pour
plege de fa foy, ce que le Roy promift, quand le
iour auquel il deuoit venir fut venu, & qu'il ne vint
fi promptement comme il auoit promis,vn chacun
fe mocquoit de celuy qui auoit cautionné fon compagnon d'auoir ainfi engagé fa vie, mais il faifoit
refponfe qu'il s'affeuroit grandement de l'amitié de
fon cópagnon, & qu'il ne feroit faute de retourner,
ce qu'il fit à la mefme heure qu'il auoit promis,quoy
voyant le Roy efmerueillé d'vne fi grande amitié,il
pardonna l'offence de celuy qui eftoit prifonnier&
les pria qu'il fuft receu le troifiefme en leur amitié&
cóme cópagnon. Voila dóc cóme cefte amitié ainfi
fortifiee par beaucoup de preuues ce doit d'auátage

testifier en l'absēce de son amy:& toutesfois la plus
grande demonstration d'amitié que l'amy peut faire pour son amy,c'est quand il se trouue en quelque
cōpagnee la où on en parle mal à propos , & qu'il
prend sa cause en main , & maintient le droict de
son amy auec affectiō,cela est l'office d'vn bon amy
de respondre pour son amy en son absence. Aussi
les amis se cognoissent principalement en choses
aduerses & qui sont de grande importance : parce
que tout ce que nous faisons pour nostre amy,cela
prouient d'vne constante amitié & bien vueillance
que nous luy portons. Tarquin le superbe quand il
fut chassé & exilé de Rome,dit à haute voix:à ceste
heure i'experimente combien i'ay d'amis bons &
fidelles,& aussi combien i'en ay d'infidelles, & aux
vns & aux autres ie leur suis mal tenu,mes amis à ceste heure me fuyent quand ie les veux esprouuer:
Le Poëte dit quand vous serez heureux & que toutes vos affaires ce porteront bien vous trouuerez
beaucoup d'amis,mais si vostre bonne fortune se
change en vne mauuaise vous serez seul & abandonné d'vn chacun.Varro en parlāt de l'amitié apprend d'experimēter vn amy,& dit:Le veux tu bien
esprouuer,feins d'estre pauure & calamiteux , tu
cognoistras par là ceux qui t'ayment & qui seront
prompts à te secourir:aussi Cicero au liure de Ami-
ticia , dit, qu'il n'y a chose tant propre à la nature
ny plus conuenable aux choses prosperes & aduerses que l'amitié:il n'y a rien (ce dit-il)si agreable que
d'auoir vn amy auec lequel vous pouuiez aussi su-

rement

remét conferer comme vous le pourriez faire auec
vous-mesmes. Les amis aussi dequoy ie parle & qui
respondent en ceste sorte en l'absence de leurs amis
sont rares & ne s'en trouue pas beaucoup qui soient
enclins, à faire de si honnestes offices, ie concluray
doncques que tout homme qui entend mal parler
ou qui sçait que l'on brasse quelque chose contre
son amy qui soit contre sa ruyne ou à luy faire desplaisir il en doit aduertir & respondre en son absence & s'employer pour luy.

CHAP. IX.

C'Est vne maxime que quand vn prisonnier
est prins en bône guerre & legitime & ayant
dôné sa foy il la doit tenir & la faussant l'on le
peut appeller pariure. Il y a toutesfois beaucoup de
raisons & qui sont apparentes qui repugnent à ceste
loy, il faut donc bien examiner en quelle condition
le prisonnier a donné sa foy: ie diray tout premierement que le prisonnier s'estant mis à rançon cognoissant qu'elle n'excede point sa force & sa puissance, il est tenu de tenir la foy qu'il a promise, &
s'il faisoit autrement il seroit condamné du Prince
de se representer & de payer la rançon qu'il a promise, d'autât que ceste composition est faite de gré
à gré: & s'il estoit que le prisonnier eust esté con-

trainct de bailler vne grosse rançon qu'il ne pourroit ny ne seroit en sa puissance de fournir, quelque
honneste remonstrance qu'il eust peu faire nonobstant l'on le contrainct de donner vne grosse rançon & de donner sa foy, mon opinion seroit qu'il
n'y seroit point tenu, parce que c'est vne promesse
contraincte & forcee qu'il a faite pour recouürer sa
liberté, laquelle doit estre tenuë pour nulle, & ab-
sous de la foy qu'il a promise: parce que l'on ne l'a
pas traitté comme vn homme de guerre, toutesfois anciennement l'on a tenu le contraire : les Romains mesmes qui estoient tres-expers & bien aduisez en l'administration de leur republique, en
vsoient autrement, comme il est tesmoigné par l'e-
xemple du Consul Posthumius, lequel conduisant
vne armee fut prins auec beaucoup de capitaines
qui furent tous licétiez sous leur promesse, cela fut
disputé deuant le Senat pour sçauoir ils y estoient
obligez, d'autant que c'estoit vn accord qui estoit
fait en guerre: il fut respondu que Posthumius &
tous les prisonniers ne pouuoient traitter aucune
condition de paix sans l'expres consentement du
Senat & du peuple, & ne fut oncques parlé de la
force & de la contrainte, mais au contraire ils ren-
uoyerent aux ennemis, ceux qui auoient iuré la
paix pour disposer de leur vie que les ennemis ren-
uoyerent aussi Posthumius remóstra au Senat que
le traitré qui auoit esté fait auec luy & ses ennemis
n'estoit qu'vne simple promesse qui n'obligeoit sinon ceux qui auoiét cósenty. Le Roy François premier a mieux practiqué ceste loy & de plus pres,

fequel au traitté de Madril auoit promis beaucoup
d'articles qui n'eſtoient raiſonnables à l'Empereur
Charle quint : qui fut occaſion que le Roy eſtant
hors de priſon diſoit aux embaſſadeurs de l'Empereur, qu'il n'eſtoit point tenu à la promeſſe qu'il luy
auoit faite, d'autant que les conditions eſtoient ini-
ques, & auſſi que ne ſe fiant pas de ſa promeſſe, en a-
uoit prins ſes enfans pour oſtages. Ie diray doncques que tout priſonnier de guerre gardé & reſerré,
quelque promeſſe qu'il ait faite, il peut ſe ſauuer
ſans en eſtre blaſmé, mais eſtant en liberté ſous la
foy il ne le doit faire quand les conditions ſont raiſonnables. Le Roy Pirrhus qui auoit gaigné vne bataille contre les Romains & prins grande quantité
de priſonniers, leur bailla congé ſur leur foy à condition de retourner: le Senat fit publier ſur peine de
la vie, que tout priſonnier euſt à retourner au iour
ordonné ce qu'ils firent, mais pas vn n'auoit donné oſtage. Tout hõme donc qui aura donné la foy
la doit tenir, ſoit Prince Gentil-homme, ou autre
quel qu'il ſoit: auſſi le Prince donnant la foy à ſon
ſubiect la doit tenir & eſtroittement garder. Ie rameneray vn exemple du Roy de Sparte Lacedemo-
nien, lequel eſtant allé trouuer le Roy de Perſe en
ſon Royaume, il y auoit vn grand ſeigneur Perſan
qui auoit prins les armes contre ſon Roy, il pratiqua
ſon accord: mais depuis le Roy de Perſe ayãt ſõ vaſſal en ſa puiſſance le voulut faire mourir, le Lacede-
monien l'en empeſcha auec viue remonſtrance de
n'executer ſa cruauté, & qu'il feroit tort à ſa gran-

T ij

deur, à ceste heure qu'il s'estoit declaré son seruiteur
Ie rameneray vne autre exemple digne de memoire
Sultan Solyman Empereur de Constátinople enuoya vn de ses Baschas en Italie où il print terre au
port de Castro, les habitans estonnez se rendirent
à luy sur sa foy qu'ils s'en yroient leur vie saulue,
toutesfois il fut si desloyal qu'il les fit mourir en partie, & le reste il les emmena auec luy: Solyman sçachant ce meschant acte & sa perfidie, le fit estran-
gler, & renuoya les prisonniers en leur pays: exemple tres-digne à vn chrestien de ne fausser sa foy
puis qu'vn barbare la sçait tenir, mesme la foy donnee aux volleurs & pirattes doit estre gardee: Pompee fit traitter de paix auec les Pirates & corsaires
leur donna la foy & seureté que le Senat eut pour a-
greable & le ratiffia pour maintenir l'honneur des
Romains, & s'ils n'eussent gardé la foy que Pompee
leur auoit promise, ils eussent souillé & aneáty leur
honneur. Toutes ces exemples me seruiront pour
monstrer comme la foy promise doit estre gardee,
mesmement en temps de guerre, & sous quelle condition, le prisonnier la doit tenir.

De celuy qui part de sa maison pour se trouuer à vne ba-
taille, & ne se peut trouuer au iour nommé.

CHAPITRE X.

E valleureux gentil-homme quád il se presente vne bataille ou quelque beau effait de
combat il se prepare diligemment pour s'y
trouuer, & croit qu'il n'y a rien si glorieux que de
se trouuer à vn si honorable lieu: aussi certes c'est le
plus specieux & digne que le Cheualier d'honneur
pourroit chercher. Il aduient toutesfois que quád
l'on s'est acheminé pour se trouuer à vne bataille
l'on ne s'y trouue pas au iour donné, & combien
que cela fust les vns veullét dire qu'ils s'y sont trouuez: ils demandent comme cela se doit vuider.
Ie diray pour le bien esclaircir que celuy qui c'est
preparé & acheminé pour se trouuer à vne bataille,
que combien qu'il n'y soit arriué le propre iour du
combat, il ne doit estre exclus du rág des cómbatás,
& qu'il doit estre mis au rang des plus valleureux,
comme Cheualier genereux qui cherche l'honneur que tous Cheualiers ont de tout temps cher-
ché, pour s'acquerir vne bonne renommée & à sa
posterité. Cecy a esté obserué de tous les vaillans
hommes: parce que la volonté doit estre autant estimee cóme si l'effait s'en estoit ensuiuy. Les exemples assez fraisches de deux batailles qui ont esté
donnees en ce Royaume en font foy, l'vne de Seri-

zolle où monsieur Danguian conuiendoit comme Lieutenant general, où plusieurs seigneurs &
gentils-hommes y coururent pour s'y trouuer, les
vns y arriuerent le iour deuant que la bataille se
donnast, les autres le propre iour, les autres le lendemain auec vn extreme regret de ne s'y estre trouuez au iour que la bataille fut donnee : & le Roy
François premier les tint en aussi bonne estime
comme les autres : parce (ce dit ce Prince plein de
grandeur & de generosité) qu'ils m'ont fait preuue
de l'affection qu'ils portét à mon seruice, puis qu'ils
sont aupres de monsieur d'Auguian pour m'en faire d'auantage, aussi ie les veux tenir du nombre des
Cheualliers d'honneur comme ceux que i'estime
beaucoup : regardez dóc quelle difference il y a entre ceux qui n'ont parti de leur maison & entre
ceux qui s'y sont trouuez. L'autre ce fut celle de
Dreux où monsieur de Guyse cóbatit tout le iour,
le lendemain de la bataille ou deux iours apres, il
y arriua sept compagnees de gendarmes, où celle
de monsieur de Latrimouille que ie conduisois
comme son Lieutenát estoit de ce nombre : & voulant faire demonstration du regret que i'auois de
ne m'estre trouué audit iour de la bataille, ensemble tous les autres : il nous dit que nous auions autant fait de seruice au Roy comme si nous eussions
esté à la bataille & qu'il feroit le rapport au Roy
de nostre diligence, & que nous estions venus assez
à temps pour faire quelque chose de bon, car l'ennemy n'est pas loin dit-il qui fait semblant de venir

encore au combat, voila comme ceux qui cherchét
le combat & qui se vont presenter le iour d'vne bataille doiuét autant acquerir d'honneur, & doiuent
autant estre estimez cóme ceux qui s'y sont trouuez
e'est pour vuider vne querelle, si elle estoit suruenuë pour ceste occasion & de n'obiecter à vn gétil-
hóme d'honneur de ne s'y estre point trouué, quád
il s'est mis en son deuoir & qu'il est en l'armee:ceux
qui font de tels offices parlent plus par enuie qu'ils
ne font auec belles raisons. Certes le cœur noble &
magnanime est desireux de son honneur & d'vne
bonne renommee:c'est pourquoy l'homme poussé de loüange ne demande autre recompence de sa
vertu que la loüäge d'estre bien estimé. Cicerón dit
que les vaillans hommes & ceux qui sont prudens
& sages ne se trauaillent point tant à vouloir exercer la vertu pour en vouloir receuoir vne gráde re-
cómpése, que pour l'honneur qu'ils en esperét:aussi
à la bataille de Iarnac quand les deux armees se af-
fronterent, il n'yeut que l'auangarde qui combatist
& la bataille qui estoit auec mósieur le frere du Roy
qui depuis a esté le Roy Henry troisiesme ne cóbatit point ny le reste de sa caualerie, i'estois en ce lieu
auec la compagnee de monsieur de Latrimouille,
i'en puis parler auec verité:il faudroit donc cóclur-
re que ceux qui estoient en la bataille auec mósieur
frere du Roy n'estoient point au combat cela seroit
trop hors de raison de vouloir oster l'honneur à
trop de gens de bien & d'honneur.

A la conduite d'vne armee lequel est plus necessaire le
hardi homme ou le sage homme.

CHAPITRE XI.

Es deux vertus sont tant loüables pour la
guerre & de si grand prix que celuy qui y
est bien experimenté est tenu pour vn fort
grand capitaine: & s'il se trouue des capitaines qui
ayent l'vn & l'autre cela est rare, parquoy il faut
parler des deux qui est le plus necessaire, & en iuger
selon que l'art de la guerre le merite. Ie seray tousiours d'aduis qu'vn sage hóme & de bon consdil est
bien requis à la conduitte d'vne armee, & en luy se
faut reposer de beaucoup d'affaires: mais pour l'exe-
cution le hardi homme est beaucoup à priser, i'entens parler du hardi homme fort experimenté, &
aussi de la hardiesse vertueuse composee des deux
extremités de coüardise & temerité: car ça deux sor
les extremitez qui sont vrieuses, & de ses deux iest
composé la vertu de hardiesse. Le hardi homme
donc qui a de l'experiéce & qui se sçait bien cóman-
der au combat sans se azarder, qui auec vn braue
iugement sçait choisir son aduantage, va vaillamment à la charge & fait combattre toutes ses trou-
pes bien ordonnees, se doit nommer vn grand
capitaine pour auoir bien attendu son aduantage
pour combattre son ennemy, & luy-mesme a vaillamment combattu: celuy-la doit estre grádement
recom mandé

recommandé à la conduitte d'vne armee,& beaucoup plus qu'vn sage qui n'a la force & peut-estre
le cœur d'aller au combat: & encore qu'il soit sage
& homme de grand iugement s'il n'a ceste vertu
de hardiesse,il ne peut estre tenu pour grand capi-
taine:i'ay memoire d'auoir ouy dire à monsieur de
Guyse,François de Loraine que le premier art de la
guerre estoit d'estre hardi:croyez que vn vaillant
homme bien experimenté , obtiendra plus souuent la victoire & l'executera mieux que le sage qui
n'a point de hardiesse.Monsieur de Guyse de qui ie
viens tout à ceste heure de parler,fit assez de preuue
à la bataille de Dreux de sa hardiesse & de son experience,& s'il se fust debandé luy qui menoit l'a-
uangarde,quand la bataille fut rompuë, & la caualerie mise à val de route , la bataille estoit perduë:
mais il se tint ferme &ne sortit de son rang & combatit tout le iour auec ses arquebuziers , son experience & sa hardiesse furent l'occasion qu'il obtint
la victoire:monsieur le Mareschal de Tauane, a-il
pas esté loüé de sa hardiesse, pour sa longue experience, a esté appellé pres de la personne du Roy
Henry troisiesme à la conduite de ses armees, où il
dóna deux batailles & en eut la victoire.Ie parleray
du Mareschal de Brissac qui a esté loüé & grandement estimé & qui auoit fait de beaux exploicts de
guerre dedans le Piedmont iusques aux portes de
Millan. Ie diray donc que vne hardiesse bien expe-
rimentee est vne grande vertu à vn grand capitaine
pour conduire vne armee:mais sans experience ce-

V

ste hardiesse tourne souuent en temerité & est bien
cause de perdre les batailles. Le seigneur de Ne-
mours sorty de la maison de Foix experimenta assez combien la grande hardiesse luy fut nuisible,
lequel apres auoir gaigné la bataille de Rauenne
voulant suiure la victoire auec trois cents cheuaux,
il perdit la vie en poursuiuant vn escadron d'Espagnols qui s'estoient ioincts ensemble pour faire
vne belle retraitte: ce que ie dis ce n'est pas pour rejetter le capitaine sage & de bon cõseil pour la conduite des armees: mais mon opinion est que la plus
grand' force d'vne armee, c'est d'auoir vn hardi chef
& qui soit experimenté. Les anciens ont mis en
grand' estime vn chef d'armes quand il estoit accompagné de valleur & d'vne bonne experience
& sçauoir. Cymon grãd capitaine souloit dire qu'il
aymeroit mieux vne armee de cerfs conduite par
vn lyon, qu'vne armee de lyõs cõduitte par vn cerf,
le general d'vne armee deuroit estre sçauãt ou pour
le moins d'vne belle & braue parolle, pour sçauoir
admonester les soldats de leur deuoir. Cesar y e-
stoit fort expert, l'on tient que ces harangues qu'il
faisoit à ses soldats en pleines armees luy ont bien
causé plusieurs victoires. Agaménon prisoit beaucoup le conseil de Nestor & en faisoit vne grande
loüange: mais aussi s'il n'eust esté accompagné de la
hardiesse d'Achiles, Vlisses, Aiax & plusieurs autres
hardis capitaines, le conseil de Nestor fust demeuré
petit, Alexandre auoit Parmenion & Antipater &
d'autres grands capitaines pour son conseil: mais sa

hardieſſe & ſa bonne conduite en ſon bon heur, fut
bien la principalle cauſe qu'il obtint tant de belles victoires: voila comme la hardieſſe & la principale force de la guerre, apres auoir bien parlé de ceſte belle vertu de hardieſſe, me trouuant ſur ce propos d'en parler, il faut que ie propoſe ce que i'ay
veu pratiquer, c'eſt que i'ay cogneu aſſez d'hommes
hardis à bien mettre l'eſpee au poing qui n'eſtoient
pas reſolus & determinez au combat de la guerre,
les autres combatoient bien & reſolument, & qui
toutesfois ne ſe fuſſent voulu battre à coups d'eſpee: ie puis teſmoigner de cela & n'en ay iamais bië
peu trouuer la raiſon, ſi ce n'eſtoit que la grande
compagnee quand l'on va à vne charge eſt l'occaſion que ceux qui ne veullent faire à coups d'eſpee
y vont plus determinément, & les autres qui font à
coups d'eſpee craignent la charge parce qu'ils n'y
ſont pas accouſtumez: mais ie diray touſiours que
tout homme qui met bien l'eſpee au poing & reſolument, eſt tenu pour vn hardi homme, & ne faut
douter qu'allant à la guerre il ne face le ſemblable
quand ils y ſeroient experimentez & accouſtumez
de voir l'ennemy. Il en y a qui ſont nais ſi hardis que
de leur ieuneſſe, ils vont au combat ſans aprehender
le peril & le mal qui en peut arriuer ceux-la à la longue, ſe recognoiſſent & ſe corrigent de leur temerité.

V ij

De la difference qui se doit faire entre gentils-hommes qui se disent estre de meilleure maison qu'vn autre.

CHAP. XII.

L s'emeut de grandes querelles pour ce subiect, & ne se trouue pas beaucoup de gentils-hommes qui veullent endurer qu'on leur dise estre de meilleure maison qu'eux, si est-ce qu'il faut croire que tous gétils-hommes ne sont pas semblables, ny de qualité, ny de maison, ny d'alliance : il faut par necessité ceder aux plus grands. Ie desire d'esclaircir & examiner ce point de bonne maison, qui n'est pas sans difficulté & qui doit estre bien entendu. Le gétil-homme donc qui est d'ancienne maison a quelque chose de plus que ne pourroit auoir vn autre pour estre sa maison ancienne sans auoir changé de nom & d'armes, & possede de grandes & belles seigneuries, & que de sa maison il en est sorti de grands personnages qui ont eu d'honorables charges, ont conduit des armees & gaigné des batailles, & sont appellez ordinairemét au seruice des Roys, à ceux-là veritablement les autres gentils-hommes leur doiuent ceder & les recognoistre pour gentils hommes d'honneur, de respect & sortis d'ancienne maison, comme il appert par leur genealogie de cinq, six, sept ou huict cents ans : En ces grandes maisons,

les Princes ne defdaignent de prendre alliance. Il
fe trouue auffi affez de gentils-hommes qui ne font
fi grands en biens qui toutesfois ne veulent ceder à
vn plus grand. qu'eux pour eftre d'ancienne race, &
bien apparenté de nobleffe, nom & d'armes, c'eft la
raifon qn'vn gentil-homme d'honneur & de maifon ancienne fe fercit tort d'endurer rien qui of-
fenfaft fon honneur, d'vn plus grand feigneur que
luy, voila pourquoy quand ie parle de la bonne
maifon, ie n'entens pas parler feulement des biens,
mais i'entens parler de bonne & ancienne maifon,
il eft vray que quand elle eft accompagnee de beaucoup de biens & de belles feigneuries, elle en eft encore plus illuftre, toutesfois il pourroit eftre qu vn
gentil-homme feroit venu à la fucceffió d'v e bonne & grande maifon, accópagnee de beaux, grands
& honorables eftats qui parauant auoit fort peu de
biens: ie reciteray en ce lieu vne exemple de deux
Gentils-hommes de bonne maifon l'vn fut le Conneftable de Clyffon, & l'autre le feigneur de Cran,
ils eurent querelle pour quelques mauuais propos
qu'ils auoiét tenuz à mófieur d'Orleás frere du Roy,
laquelle querelle fut decidee dans Paris : l'on fçait
bien comme ce termina l'outrage fait au feigneur
de Palaizeau par vn feigneur de la maifon de Roüan;
voila comme les gentils-hommes de bonne maifon ne veulent pas endurer vne iniure de plus gráds
qu'eux, mais auffi ceffant cela , il faut que les gentils-hommes fe portent honneur les vns aux au-

V uij

tres & selon leur qualité, il ne faut s'estimer plus
que l'on ne doit, celuy qui a acquis de l'honneur &
de la reputation ne peut souffrir d'estre compa-
gnonné d'vn moindre que luy & qui n'a nul merite: il y a bien plus : tous gentils-hommes ne se
peuuent pas dire de bonne maison, il y a quelque
distinction qui est apparente : car de l'vn l'on dira
qu'il est grand seigneur, & que sa maison est de tout
temps ancienne & grandement alliee: de l'autre l'on
dira qu'il est gentil-homme de bonne & ancienne
maison de nom & d'armes: de l'autre qu'il est gentil-homme d'honneur & de bonne part, de l'autre
qu'il est gentil-homme & homme de bien, par là
vous voyez que les gentils-hommes sont differens
les vns des autres & ne se peuuent esgaller & toutesfois si quelqu'vn de ceux-là est offencé & iniurié
d'vn plus grand ou moindre que luy, il en veut estre
reparé. Ie suis de ceste opinion que les grandes
maisons qui sont auiourd'huy en France & les plus
anciennes ont esté faites & esleuees par les Roys, &
par les seruices signalez qu'ils leurs ont faits & de
race en races y sont maintenus auec l'honneur, &
aussi par les grandes alliances qu'ils ont fait en leurs
maisons, il y a toutesfois beaucoup de grandes maisons qui ont changé de race & ceux qui les possedent pour le iourd'huy ou pris les nom & les armes de ceste maison, & se sont faits grands seigneurs, il en y a d'autres qu'il n'y a pas long temps
qu'ils sont gentils-hommes: mais toutesfois riches

ayans de belles seigneuries, mais ils ne tiennent pas
ces belles maisons ny ces richesses de l'antiquité de
leurs maisons , ie veux toutesfois bien donner aduis en ce que i'ay dit cy-dessus, qu'il n'est pas propre
ny fort honneste, à vn gentil-hôme de dire à vn autre qu'il est de meilleure maison que luy, & l'honneste gentil-hôme bien apris ne parlera iamais en ces
termes, si ce n'estoit qu'il y fust par trop forcé de ce
faire par quelqu'vn qui se voudroit aduantager sur
luy & vser de quelque comparaison ou s'egaller,
& qu'il cogneust euidemment n'estre pas son semblable. Il y en a aussi qui sont si promptement esle-
uez & se sont faits si grands qu'ils veullent estre honorez & respectez : il faut reseruer ces honneurs
aux plus grands : c'est vne belle prudence que de se
sçauoir cognoistre & n'estre point desireux d'vn
honneur que l'on a point merité & le laisser à ceux
auquel il appartient de le faire.

Suite de ce chapitre, & d'où est venu ce nom de gen-
til-homme.

CHAPITRE XIII.

Ous tenons en France que celuy que l'on nomme gentil-homme doit estre gentilhomme de nom & d'armes, comme i'ay dit cy-dessus, & ne peut posseder ce nom que de l'anciéneté de sa maison, & non par emprunt ou nouuellement l'ayant acquis. Ce qui se prouue par Ciceron en appellant gentils ceux qui sont d'vn mesme nom, & qui de tout temps ont esté de franche condition, de sorte que iamais personne de leur race ne fut serf ny esclaue, ny moins desgradé d'honneur: Boëce dit aussi qu'on appelloit anciennement gentils, tous ceux qui estoient yssus d'vne maison & race antique, comme estoit Brutus & les Scipions, & autres maisons nobles de Rome : ce titre donc de gentilité s'atribuoit seulement aux maisons nobles & de ses gétils-hómes de nom & d'armes, il s'en produit en Fráce qui se sont faits gráds seigneurs: côme Comtes, Marquis, Ducs, & Pairs de Fráce, & de ceuxlà aussi il en y a qui ne sont si grands & toutesfois sont gentils-hommes de nom & d'armes & d'ancienne maison: mais l'heur ny la prosperité ne les a pas si bien accompagnés que les autres : tellement que vous voyez plusieurs maisons qui ont esté anciennement grandes & riches & maintenát ruynees

           &de-

struictes & d'autres qui estoiét petites auiourd'huy grandemét esleuees: c'est le changement qui se fait en ce monde à quoy nous sommes tous tenus d'y obeyr & d'y ceder, c'est la rouë de ce siecle qui l'a ainsi determiné,nous n'y pouuons resister, la noblesse a esté acquise anciennement par la vertu, & ceux qui se sont annoblis par les armes ont esté les plus prisez : aussi les Romains bailloient à ceux-là de grands priuileges &permettoient qu'ils portassent des enseignes pour leurs armoiries en recompence des victoires qu'ils auoient obtenues. Vous voyez encore auiourd'huy que les gentils-hommes portent en leurs armoiries vn escusson,& plusieurs veullent qu'on les tiennent aux rangs des Cheualliers. Auiourd'huy toute la noblesse veut estre semblable,& veullent qu'on leur rende autant d'honneur comme s'ils auoient conquis vn Royaume,sa Majesté deuroit mettre vn ordre à telle somptuosité,&entre autre chose ne permetre que ce titre de Dame fust donné aux femmes que leurs maris ne l'eusse bien acquis, & donné de la speciale grace & liberalité du Prince : i'ay bien veu en de grandes maisons de ce Royaume que ceste qualité n'estoit point donnee sans la volonté &permission du Roy : cela ce faisoit pour les grands seruices qu'il tiroit de sa noblesse ordinairement,& les voulant recompencer,les honoroit eux & leur famille pour les rendre plus grands par dessus les autres, & plus prompts à luy faire seruice:& si le Roy ne leu donnoit son ordre de Cheuallerie,il les faisoit tous

X

generalement en pleine armee, les tenāt pour Cheualiers, & lors leurs femmes portoient la qualité de Dame. A Lendresi le Roy Frāçois premier fit to⁹ les gētilshómes de sa cornette & de sa maisō Cheualiers, le Roy Henry deuxiesme fit à Renty, le semblable, ceste dignité s'appelloit Cheuallier de l'accollade: mais aux capitaines de gésdarmes quand ils luy auoient fait de grands & signalez seruices qui meritoient d'en estre recompensez, & aux embassadeurs qui luy auoient fait de longue main seruice & qui auoient esté employez en de belles & grands affaires, à ceux-là il leur donnoit le collier de son ordre: bref ce nom de Cheualier, est auiourd huy en tel credit que les plus grands se tiennent honorez d'estre appellez Cheualliers. I'ay veu du téps du Roy François premier & du Roy Henry second vn capitaine de cinquante hommes d'armes, encores qu'il ne fust accompagné de beaucoup de biens & de grande seigneurie, estre respecté & honoré d'vn seigneur de cinquante mille liures de rente, voire des Princes, tant l'honneur & la vertu estoient en ce temps-là en regne & en singuliere recommandation: c'est pourquoy l'antiquité & la generosité d'vne maison est beaucoup à estimer, qui ne reluist qu'en certaines especes d'hómes que Dieu & nature ont voulu choisir entre les autres, ce qui ne peut peut estre commun entre les hommes: d'autāt que c'est chose rare de trouuer tant de personnes illustres & genereuses & encores que tous gētils-hommes tendēt à ce point, ils ne peuuent parfaitement

y atteindre, cela est reserué sous vne certaine prouidence à quelques vns en particulier pour excel-
ler par dessus les autres.

*Si quelqu'vn estant outragé employe vn plus grand
que soy, s'il se fait tort.*

CHAPITRE XIIII.

'EST chose assez commune que celuy qui a
querelle auec vn plus grád que soy, prend la
faueur de quelque grád seigneur pour luy
assister afin d'estre supporté en toutes ses entreprises
& rendre son party le plus fort : ce que ie ne puis
loüer & estimer beaucoup: celuy qui entreprend de
vanger la querelle de son amy , ou de l'assister, ie
croy qu'il se fait grand tort , & encore il le se fait
plus grand s'il prend autre pretexte que la querelle
de son amy, & s'il le fait & que ce soit auec aduantage, il s'acquiert vn deshonneur & vne perpetuelle querelle, de laquelle il ne peut sortir que beaucoup de malheur. Ie ne veux pas dire que celuy qui
employe vn plus grand à luy assister en sa querelle
face mal , car en vne querelle le plus foible doit
chercher du support & de la faueur: cela l'auctorise
d'auantage, aussi celuy qui est ainsi employé doit
estre si aduisé de n'entreprendre pas vne super-

cherie pour quelque priere que son amy luy puisse
faire ny obligation qu'il y ait entr'eux. C'est aux
Roys & aux Princes de maintenir leurs seruiteurs
& les vanger de l'iniure qu'on leur a fait, encore il
seroit mieux seant de tascher à les accorder que de
les aigrir d'auantage : les Roys encores qu'ils fauo-
risent le parti de quelqu'vn, & eux-mesmes veulent
vanger la querelle de celuy qu'ils ayment, bien souuent ils en patissent. Philippes de Commine raconte que Henry sixiesme Roy d'Angleterre pour
auoir supporté la maison de Lanclastre cõtre celle
de Hiorch perdit sõ estat & fut tué par ses subiects.
Le Marquis de Pesgayre ne prinst autre occasion
de coniurer contre l'Empereur Charles cinquies-
me, sinon parce qu'il maintenoit le Vice Roy de
Naple contre luy à plus forte raison que le gentil-
homme quelque grand qu'il soit se prenne bien
garde d'espouser la querelle d'autruy.

Si celuy qui porte enuie à vn autre doit estre tenu pour ennemy.

CHAP. XV.

Lutarque est de ceste opinion qu'il est tres-difficile d'euiter l'enuie d'autruy Thucidide estime que l'enuie est la compagne necessaire d'authorité & puissáce, & dit que celuy-la est códuict par vn bon conseil lequel és choses graues & qui sont d'importance choisist ce qui est le plus subiect & conuenable à l'enuie : l'on descoure assez qu'il y a eu tousiours des enuieux de quelque estat & qualité que ce soit, & specialement entre gentils-hommes voisins, & mesmes les parens sont le plus souuent en jaousie faisans bonne chere & beau semblant, derriere font des menees qui tournent quelquesfois à consequence : celuy qui porte enuie à son compagnon brasse tousiours sa ruyne & empesche s'il luy est possible tous ses desseins & son aduancement, en fin ce ne sont que dissimulations, voila comme l'enuie est tres-dangereuse, & ne se faut fier nullement à ceux qui vous enportent, mais il les faut reputer comme ennemis priuez. Il y a bien des enuies qui se prennent en bonne part que les Latins appellent *emulatio* : ceux la sont poussez d'vne honneste jalousie de voir bien faire à leur compagnon & sont desireux de les ensuiure, prennent garde à leur geste, a leur bien par-

ler,à leur grace & honneſte maintien ,ceux-cy doiuent eſtre priſez d'vn chacun ayant affection d'en-
ſuiure ces hôneſtes perſonnes en leurs perfections,
ſe propoſans de les imiter & d'acquerir autant de
loüange:ceſte enuie eſt tres-honneſte, car proprement *emulatio,*c'eſt ſuiure & imiter les perfections
d'autruy & eſſayer d'acquerir autant d'honneur &
de loüange:ſi vn chacun eſtoit deſireux de reſſembler ceux qui en ſont bien garnis,l'on verroit alors
beaucoup de gentils-hommes d'honneur florir , &
ce ſeroit à qui mieux feroit.Ceſte enuie icy dequoy
ie parle eſt fort loüable,& conſeille à tous les honneſtes gentils-hommes de la ſuiure & oublier ceſte
enuie vitieuſe,qui eſt la totalle ruyne des honneſtes
hommes,vn enuieux eſt plein de malice qui n'a aucune amitié & n'ayme que ſoy-meſme.Ie reciteray
vne querelle qui ſe termina à la Cour du Roy Henry deuxieſme entre le Baron des Guerres & le ſeigneur de Luſſebourg leur querelle vint à l'occaſion que Luſſebourg,aſpiroit d'eſtre maiſtre de la
garderobe de môſieur de Loréne,côme faiſoit auſſi
le Baron des Guerres, & cognoiſſât que le Barô luy
empeſchoit en cela le pria de ne s'oppoſer point au
bié que monſieur de Lorenne auoit volonté de luy
faire:Le Baron s'excuſe & luy dit tout à plat qu'il
n'y auoit point de puiſſance,Luſſebourg bié mon-
té met l'eſpee au poing & le tua, luy diſant voila la
recompence de m'auoir chaſſé du ſeruice de mon
maiſtre & ſe ſauua. L'on voit dans la cronicque de

Charlemagne comme Gauues pour l'enuie qu'il
portoit à Rollant fut l'occasion de sa desfaite & de
sa mort.L'enuieprocede de l'ambition,& l'ambitiõ
n'eft autre chofe que d'eftre enuieux fur l'honneur
aduancemét &gloire d'autruy,par là nous pouuons
iuger qu'il n'y a rien qui tant diffout vne amitié que
l'enuie. De la s'engendre vne grande inimitié , l'on
voit affez par les hiftoires combien l'enuie a rapporté de mal aux monarchies & republiques & à
toutes perfonnes qui fe font voulu partialifer par
l'ambition.Durát le regne du Roy Charles fixiefme
l'ambition des Ducs deBourgongne&d'Orleans fut
fi grande qu'il en fortit beaucoup de mal en Angleterre,il y en eut bien d'auantage : le Duc de fom-
merfel oncle duRoy Edouart,fit decapiter fon frere qui eftoit admiral pour l'auoir foubçonné de
vouloir empieter le gouuernement que le Duc fon
frere auoit:puis apres le Duc deMothombeland fit
desfaire le Duc de Sommerfel, & puis s'empara de
la meilleure part de l'auctorité dudit Royaume,il y
en a affez d'autres qui font peris par les enuies que
l'on leur a portées:il me femble auoir affez bien
prouué comme vn enuieux doit eftre tenu pour ennemy.

Comme ces termes: (vous ne sçauez que vous faites) ce
doiuent entendre.

Chap. XVI.

CE sont des paroles qui sont assez commu-
nes entre gentils-hommes, les vns le disent
sans y péser les autres par vne presumption
& de fait ce ne sont pas parolles qui se doiuent
tenir entre gentils-hommes amis: car de dire
à son amy vous ne sçauez que vous dittes, c'est proprement le desmentir de ce qu'il dit, & de son amy
l'on en fait vn ennemy, ou pour le moins vn mes-
contentement que l'on a de son amy: car quãd l'on
dit à quelqu'vn qu'il ne sçait qu'il dit, c'est autant
que si l'on luy disoit vous estes indiscret, mal aduisé, qui n'auez point d'entendement, ou bien il n'est
pas vray ce que vous dites & mentez. Ie parleray
d'vn discours qui arriua à Paris au Louure: vn Mareschal de France estant en la chambre de monsieur de Villequier où il prenoit son disner monsieur le mareschal se mit à deuiser de matiere bene-
ficialle auec forces honnestes gentils-hommes en
attendant ledit seigneur de Villequier: vn gentil-
homme de ceste trouppe luy parla d'vn benefice
qui estoit pres de luy, & de bonne valleur, il luy respond, ce benefice n'est pas à ma deuotion, pourtãt
mon bon amy, vous ne sçauez que vous dittes, ce
gentil-homme marry dequoy il luy disoit ces pro-

pos en

pos en si bonne compagnie , respondist, pardonnez moy,monsieur ie sçay bien ce que ie dis,& ne
suis point hors de mon entendement: monsieur le
Mareschal luy dist vous le prenez autrement, que
ie ne l'entés:ie vous prie ne vous faschez point pour
cela,car ie suis de vos amis:de gentil-homme à gentil-homme esgaux, cela ne se pourroit pas passer
sans querelle,& si c'estoit vn duquel vous n'auriez
pas grand cognoissance,& auquel vous ne seriez o-
bligé de porter respect, & qu'il vous dist rudement
par maniere de brauerie & d'audace, ie croy que si
on luy donnoit vn desmenti qu'il seroit bien donné,& deuant que de luy faire raison du desmenti, il
faudroit que l'autre luy fist raison des propos qu'il
luy auroit dit. Il faut à ceste heure parler de ceux
qui disent,vous ne sçauez que vous faites,ie suis d'o-
pinion que ce n'est non plus proprement parlé que
de l'autre,& en cestuy-cy, il y auroit autant de subiect de donner vn desmenti, car de dire à vn gentil-homme rudement vous ne sçauez que vous faites, ce seroit autant que si on l'appelloit fol & in-
sensé. Tous ceux qui vsent de ces termes sont mal
considerables en leur langage, c'est se faire donner
vn desmenty de gayeté de cœur, & vn subiect propre de mettre l'espee à la main:ie m'asseure qu'assez d'honnestes hommes ce rangeront à mon dire.
Ie diray d'auantage, que toute parolle douteuse &
mal entenduë, le braue Cheualier se la doit faire
expliquer,afin qu'il en demeure contant craignant

Y

vn reproche, & d'estre accusé de n'auoir point de ressentiment:il me semble que ie n'ay esté hors de propos de parler de ces deux termes, parce que bien souuent il se fait des querelles pour ceste occasion.

De ceux qui se disent, ie suis homme de bien & gentil-
homme d'honneur,comme cela se doit entendre.

CHAPITRE XVII.

IE trouue qu'auiourd'huy ce langage est trop en vsage, & encore que cela fust l'on doit toutesfois bien regarder à qui l'on le dit,car entre esgaux il n'est point besoin de parler de sa noblesse,de sa valleur, ny de son honneur : mais il seroit bon s'il se disoit à vn gentil-homme de qualité & de bonne maison estant offencé, luy dire ie suis gentil - homme d'honneur & homme de bien qui ne voudrois endurer que vous ny autre m'eussiez offencé : il faut en parler encore plus auant,tous gentils-hommes ne se peuuent pas dire gentils-hommes d'honneur, parce que ce mot d'honneur, doit seruir de qualité au gentil-homme qui a receu de l'honneur & des grades & qui a commandé,celuy-là est gentil-homme d'honneur, si c'estoit vn gentil-homme de bonne & ancienne maison qui vescust honorablement bien estimé, & grandemét allié,il seroit

auſſi gentil-homme d'honneur : mais ie parle des
gentils-hommes de moyen ordre & qui ſe fre-
quentent ordinairement, voila comme ie ſuis d'o-
pinion que tous indifferemment ne ſe peuuent pas
dire par gentils-hommes d'honneur. Ie rameneray
ſur ce propos vne honneſte remonſtrance que fit
vn gentil-homme de qualité & de maiſon à vn autre gentil-homme ſon voiſin, lequel ayant quelque
propos enſemble d'affaire dit qu'il eſtoit gentil-
homme d'honneur & hôme de bien, ceſt honneſte
gentil-homme auquel il diſoit ce langage, & ne ſça-
chant l'occaſion qui le mouuoit de luy dire ſi ſouuent, luy replique: ne prenez iamais ce titre que
vous n'ayez commandé, & quand vous aurez commandé, ou eſtant honoré de quelque grade , vous
vous direz gentil-hôme d'honneur: mais pour ceſt'
heure il vous doit ſuffire de dire, ie ſuis gentil-homme & homme de bien : ce gentil-hommme le re-
mercia de l'honneſte remonſtrance qu'il luy auoit
faite, & que pour l'honneur de luy il le retiendroit.
Quand ie parle d'vn gentil-homme d'honneur, ie
n'entens pas parler ſeulemét de ceux qui ont beaucoup de rétes, mais i'entens parler auſſi de ceux qui
ſont de bonne part & qui viuent hôneſtement auec
honneſte reputation eſtant beaucoup eſtimez
pour leur bon aduis ceux-là ſont dignes d'eſtre
priſez. Pour bien expliquer ces termes, il faut ſçauoir que tous ceux qui ſe prennent à la parolle , &
qu'vn diſt: ie ſuis fort homme de bien , c'eſt offrir

honnestement à son compagnon le combat:
exemple:voyla deux qui sont en picque de parolle & l'vn dist à son compagnon:que voulez-
vous dire,auez-vous quelque chose sur le cœur qui
vous poise,ie suis fort homme de bien,disant cela il
y a apparence qu'il se presente pour se battre si l'autre en a enuie. Ie parleray plus amplement du
gentil-homme d'honneur, & diray, que toutes les
querelles qui se font entre les Cheualiers, elles se
prennent pour l'honneur:pour paruenir à ce point
d'honneur,il y faut mettre le temps & l'aage afin de
gouuerner cest honneur que nous nous proposons
de suiure:& comme ceux qui veullent apprendre
les sciences, & confiner leur vie pour estre sçauans
& bien experimentez, il leur faut employer beaucoup de temps & prendre vn bon fondement dés
le commancement de leur ieunesse pour se faire
doctes.Aussi du gentil-homme en sa tédre ieunesse,il faut que les principes soient bien fondez deuant que de porter l'espee afin que quand il viendra
en l'aage de force, il puisse debattre de son honneur, & se rendre si experimenté & capable qu'a-
uec la force & son courage il puisse debattre de son
honneur auec l'espee : c'est de la où le gentil-homme prend auiourd'huy ce titre de braue Cheualier : & à la verité ce degré de Cheuallerie : a esté
ordonné par personnes preux & hardis àfin de
sçauoir cognoistre ce qui depend de leur honneur & le bien defendre auquel le Cheualier

d'honneur se doit bien conduire & selon que les loix de Cheuallerie le commandent , & s'il y procede autrement il y acquerra la reputation d'vn mauuais Cheualier, & qu'il se garde aussi de prendre des querelles qui luy fussent plus nuisibles que honorables: voila pourquoy ie souhaiterois que le gentil-homme prinst vn si bon fondement en sa ieunesse , comme de voir les pays estranges , puis cognoistre & hanter les compagnees grandes, cela le fassonneroit auec l'aage qui le conduiroit à se cognoistre & à executer de beaux desseins dont il en receuroit du contentement & de l'honneur , & lors il se pourroit nommer gentil-homme & Cheuallier d'honneur.

S'appellant vn autre colere , cela doit estre tenu pour vne iniure.

CHAP. XVIII.

C'Est vn mal qui possede tous les hommes que la colere & si elle n'est moderee, ie la nommeray proprement rage, d'autant que l'homme ne pouuant borner ses passions ny la douleur dont il est le plus souuent agité se transporte bien souuent hors de soy-mesme, ceste colere est vitieuse & insupportable parce que ceux qui en sont possedez auec bien legere occasion, offencent leurs amis ne se pouuans maistriser : c'est la raison

pourquoy on la met au rang des vices: au contraire
il est fort loüable de voir vn gentil-homme garni
d'vne belle modestie & d'vne contenance sage;
ceux-la qui sont ainsi perfectionnez sont grandement à estimer, & les faut rechercher, ceste perfection procede en partie du naturel des hommes: &
toutesfois aux vns & aux autres, il ne peut estre qu'il
n'y ait quelque collere: mais aux vns elle est plus modeste, & aux autres plus furieuse & fascheuse : car ie
ne sçache homme que quand il est offencé en son
honneur, qu'il ne soit poussé de collere, mais il y en
a qui sçauent mieux la pallier que les autres , & dis
que ceux qui sont prompts à repartir , & d'vne
promptitude gaillarde viuement repoussent l'iniure que l'on leur a faite, ceux-là sont d'vne braue valleur , & en ceux-là se faudroit fier. Mais ceux qui
dissimulent pour s'en ressentir en temps & lieu , *il*
s'en faut prendre garde, & de fait pour dire la verité
c'est proprement mesloüer vn gentil-homme que
de l'appeller collere: car quand les hommes n'ont
raison ny iugement plus ils approchent du naturel
des bestes : Or vn collere passionné qui ne se peut
commander ny ranger à la raison, est pis qu'vne be-
ste brute: mesmement le colere melancholique qui
est de son naturel cruel & vindicatif, pour les passions extremes & violantes qui le surmontent , il
desploye son esprit à toutes sortes de vangeance &
cruauté pour rassasier sa douleur. Seneque enseigne
de s'esloigner de toute cruauté & de la collere qui

eſt miniſtre de cruauté. Le François eſt entaché de
ceſte colere qui ne peut moderer ſes paſſions, parce
qu'il habite en la region du midy, là où les hommes
participent de la colere melancholique, & ceux-là
ne ſont pas faciles à appaiſer, c'eſt la raiſon que
ceux qui ſont de ceſte humeur deuiennent furieux
& inſencez. Toutesfois il y a difference entre collere furieuſe & inſencee. Le colere melancholique
eſt le plus ſage, & quand il deuient furieux, ſon mal
eſt plus difficile à guerir, & à vn furieux l'on luy
donne vn curateur, aux inſencez qui ſont ſanguins
il ne leur eſt point donné de curateur car proprement vn inſenſé c'eſt celuy qui ne peut commander à ſes effrenees cupiditez. I'ay bien voulu diſ-
courir de la collere iuſques à ce poinct, àfin que l'on
cognoiſſe plus euidemment que vaut à dire colere
ie diray donc que l'vne eſt tenuë pour vne iniure,
ſçauoir quand elle eſt accompagnee de furie: l'autre
c'eſt la colere courageuſe pleine de toute valleur,
ceux-là quand ils ſe ſçauent bien commander, ils
en ſont plus loüables, & quand ils veulent executer
leurs intentions ils y ſont prompts & diligens, ſans
aucun reproche, ne voulans faire aucun acte qui
ſoit vilain, ny vituperable, à eux & à leur poſterité, Senecque eſt de ceſte opinion que la
ſeuerité eſt la plus proche forme qui ſoit en la
iuſtice, & ſi elle prouient de la colere elle

est vitieuse, il y a des hommes qui sont si souuent
surpris d'enuie & d'vne hayne, qu'ils ne se peuuent
reconcilier & n'est aucunement en leur pouuoir de
moderer la passion qui les tourmente: cela procede
d'vn cœur dur qui ne peut se mettre au terme de
raison, ie diray donc que l'homme colere passionné & furieux est plein de vice, & estant vitieux l'on
doit euiter sa conuersation, estant la colere tenuë
pour vice, celuy qui est appellé colere se doit tenir
pour iniurié, ceste consequence est vallable.

---

*Comme se doiuent prendre ces mots : prenez-le comme
vous voudrez.*

CHAP. XIX.

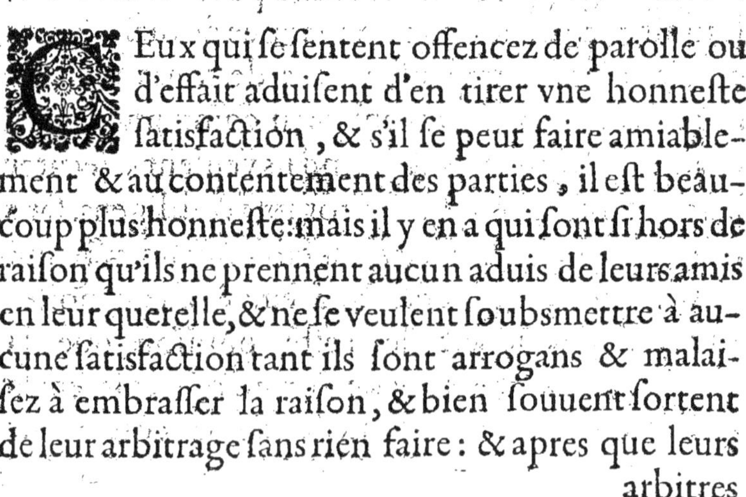

E ux qui se sentent offencez de parolle ou
d'effait aduisent d'en tirer vne honneste
satisfaction, & s'il se peut faire amiable-
ment & au contentement des parties, il est beaucoup plus honneste: mais il y en a qui sont si hors de
raison qu'ils ne prennent aucun aduis de leurs amis
en leur querelle, & ne se veulent soubsmettre à aucune satisfaction tant ils sont arrogans & malai-
sez à embrasser la raison, & bien souuent sortent
de leur arbitrage sans rien faire : & apres que leurs
arbitres

àrbitres leur ont fait beaucoup de remonſtrances,
il reſpondit qu'il ne s'en ſoucioit pas , & que leur
ennemy le prenne comme il voudra, d'autre quand
ils ont à demander quelque parolle à quelqu'vn &
cognoiſſent n'en pouuoir tirer la ſatisfaction qu'ils
en eſperoient, ils s'en aigriſſent : cela eſt l'occaſion
qu'ils leur reſpondent, ie ne vous en puis dire autre choſe, ſi cela ne vous contente, prenez-le comme vous voudrez : ils ce demande comme ces mots
ſe doiuent prendre & entendre. Ie reſpond que c'eſt
euidemment liurer le combat à celuy qui parle-
mente auec ſa partie, & que c'eſt autant comme s'il
luy diſoit : Puis que vous ne voulez prendre en
bonne part ce que ie vous dis & que vous ne vous
en voulez contenter, ie vous en mets au pis , & le
prenez comme vous voudrez : car ie ne vous en feray iamais autre raiſon ny moins d'excuſe : voila ce
que i'ay à dire ſur ces mots qui ſont propoſez en
ceſte queſtion : & ſi celuy à qui ce langage eſt dit ne
met leſpee au poing , il ſe fait tort.

Z

De la crainte que pourroit auoir le Cheuallier de
son ennemy.

CHAPITRE XX.

I'Ay opinion qu'il n'y a si vaillant homme ny qui soit si bien versé aux armes qui ne craigne en quelque façon son ennemy si ce n'estoit quelque temeraire qui n'eust aucun iugement & raison, & afin que les vaillans hommes ne se trouuassent scandalisez de ceste opinion, ie veux mettre peine d'esclaircir ceste question, premierement ie diray, que celuy qui craint son ennemy ne doit estre pour cela tenu pour coüard, si ce n'estoit qu'il eust vne telle crainte qu'elle tournast en peur, lors il deuroit estre rejetté de la compagnie des vaillans hommes, mais ie n'entens parler de la peur, ie parle seulement de la crainte: aussi il faut estre tant aduisé que quand l'on a querelle à vn vaillant homme courageux & bien determiné, si on estoit assailly de n'auoir aucune crainte qui empeschast que l'on n'eust le cœur & la force d'y resister: mais la vraye crainte que l'on pourroit auoir de son ennemy, c'est qu'il vous prinst à son aduantage, ou proditoirement vous offençast: mais quand l'on a affaire à vn braue Cheuallier & vaillant gentilhomme qui ne voudroit assaillir sa partie à son aduantage, on doit rejetter toute crainte, pour ceste raison vn vaillant homme n'aura iamais crainte de fon ennemy, ie diray donc que craindre proprement en matiere de querelles, c'eſt ſe tenir ſur ces gardes & ſe garder d'eſtre ſurpris de ſon ennemy, cela n'eſt point vitieux, & celuy qui n'en feroit pas grand eſtat, ie le tiendrois pour vn homme de peu de iugement & ſans conduite, comme i'ay dit cy-deſſus, à ceux qui y procede de la façon, il n'en eſt iamais bien aduenu & ſont touſiours ſuccombez en leur querelle, ie ſçay bien qu'il y en a qui trouueront mauuais mon dire, & diront qu'il n'eſt iamais crainte ſans peur, pour reſoudre ceſte queſtion, ie m'ayderay des anciens & ſages Philoſophes, leſquels quand ils ont voulu parler de la peur l'ont miſe en deux eſpeces, & en ont figuré l'vne bonne qui concernoit le maintien des republiques : l'autre mauuaiſe qui eſtoit du tout deſgarnie de belles & loüables raiſons, & où il n'y auoit aucune force ny valeur ceux-là eſtoient tenus pour puſilanimes. Ces ſages Philoſophes diſoient que ne craindre rien nuiſoit grandement : mais pour auoir peur c'eſtoit ſe preparer & ſe fortifier pour mieux ſe defendre : Plutarque eſtime grandement ceſte peur, & la tient pour vne vertu quand elle eſt bonne, diſant qu'elle eſt neceſſaire à ceux qui ont de l'authorité de commander, parce que ceux-là ont touſiours peur & crainte de mal-faire. Alexãdre diſoit qu'il n'y auoit lieu, ny ville, ny chaſteau ſi fort qui peuſt aſſeurer vn homme craintif, il faut donc que le gẽtil homme d'honneur n'ait iamais crainte ny peur de ſon ennemy pourueu que ceſte peur ne ſoit vitieuſe,

Z ij

mais quelle soit garnie d'vn braue & hardi coura-
ge:voila la crainte de laquelle i'entens parler qui est
tres-vertueuse à vn homme de valleur : & s'il n'est
accompagné de ceste belle vertu,ie le tiens pour vn
homme de rien & sans iugement., i'ay ouy dire
qu'aux combats qui se font auiourd'huy que celuy
qui a l'aduantage sur son compagnon luy fait rendre les armes, & l'autre pour si peu qu'il est blessé les
rend:voila vn combat fort honteux,& ne puis penser que ce ne soit faute de courage , car combien
qu'il soit blessé,il doit tousiours debattre son honneur iusques à la mort, & se faire plustost tuer que
de les rendre , si ce n'estoit que l'espee fust sortie du poing & que son ennemy l'amassast : mais
de la rendre volontairement ce n'est pas fait en
Cheuallier d'honneur , & si son ennemy luy vouloit oster ses armes de force,il y doit resister iusques
au dernier souspir de sa vie,& luy dire,ie ne rendray
point mes armes,tuë moy plustost. Aussi il me semble que celuy qui auroit de l'auantage sur son ennemy s'en deuroit contenter sans rechercher ceste
gloire,parce que les marques qu'il a obtenues de son
ennemy sont assez apparentes puis qu'il l'a blessé,
qui est chose qui ne se peut celler, & pourroit arriuer que quelque braue Cheuallier auroit affaire à
luy qui luy feroit le semblable , car à vn vaillant
homme mettez-luy vn autre vaillant homme en
reste, c'est pour le faire penser à sa conscience & à
son deuoir : mais s'il a affaire à vn homme de peu, il
le desdaignera & s'en battra les ioües comme feroit

vn dogue d'vn petit chien:mais vn vaillant Cheualier hardi & courageux ne fe mefnage pas fi aifé-
ment,il faut bien penfer quád l'on entre en preuue
d'armes auec luy & n'oublier rien de fon deuoir.
Le vaillant homme choifira pluftoft la mort que
de fe desfaire honteufement de fon honneur , &
puis qu'il rend fes armes il fe desfait de fon honneur
& apres il luy eft fort malaifé de le recouurer. Il eft
vray que fi le combat fe determinoit en camp clos,
celuy qui auroit obtenu la victoire fur fon ennemy feroit victorieux , tant des armes que du corps
de fon ennemy:mais quand le combat fe fait par
vn appel cap à cap & promptement executé,il doit
fuffire à celuy qui a bleffé fon ennemy d'eftre demeuré victorieux:ie confeille à tous gentils-hommes d'honneur quand ils entreront au combat
qu'ils foient defireux de le bien conferuer , & de le
fçauoir fi bien conduirequ'il ne leur puiffe eftre
rien reproché, & de ne tomber en aucune infamie:
car quand l'on rend les armes,il faut dire à Dieu
nobleffe & ne porter plus l'efpee à fon cofté.

Que les armes que les Cheualliers auiourd'huy presentent
ne sont raisonnables ny en vsage.

CHAP. XXI.

ES armes que les Cheualiers presentent en
leur combat n'ont iamais esté vsitees, &
ne puis sçauoir qui en a esté le premier in-
uenteur: veritablement elles sont aduantageuses,
pour frapper de plus loing, & le poignard semblablement est rendu aduantageux d'vne coquille
bien couuerte: mais l'vsance de ce combat n'a iamais esté practiqué, & croy qu'il n'y a pas vn plus
legitime combat que l'espee que nous auons accoustumé de porter à nostre costé, & de laquelle
nous entendons de vuider le differant qui nous
pourroit arriuer. Ces armes dequoy l'on combat
auiourd'huy ne se peuuent porter aisément, c'est
presque la charge d'vn mullet, i'en voy qui les portent à cheual en lieu de leur espee accoustumee, i'ay
veu deux combats à Rome, entr'autres vn, auquel
les deux parties se battirent de l'espee seule par le
congé du capitaine du chasteau sainct Ange, parce qu'ils estoient ses soldats : & me dit le capitaine
que si l'vn des deux eust porté auec luy autre ar-
me que son espee qu'il l'eust fait passer par les pi-
ques, encores qu'il n'eust point esté dit, parce que

c'est l'vsance du soldat de vuider sa querelle auec
son espee, si ce n'estoit vn combat qui fust accordé
pour se terminer en camp clos, celuy qui y est appellé a l'eslection des armes selon l'ordonnance du
combat. I'opine donc que si celuy à qui ses armes
seroient presentees, les renuoyoit à son ennemy, il
ne feroit point de faute ny tort à son honneur, offrant toutesfois de se trouuer au lieu où il l'a assigné
& le combattre auec l'espee qu'il a accoustumé de
porter, & la monstrer à celuy qui l'est venu appeller: puis qu'il faut combattre en pourpoint, il faut
finir ce combat auec l'espee que nous portons ordinairement, & si celuy qui a fait appeller son ennemy le refuse, il doit estre iugé pour vaincu, i'estime toutesfois qu'il ne le fera pas: aussi celuy qui appelle son ennemy, & qui luy presente de telles armes, doit mettre à son option, ou de prendre celle qu'il luy presente, ou de combattre de son espee
accoustumee. Il faut donc vuider la querelle auec
ses armes accoustumees c'est le deuoir des Cheualliers.

Si quelqu'vn ayant achepté vn cheual, il est recogneu
& aduoüé en vne armee, s'il le doibt rendre.

CHAP. XXII.

L'ON peut aduoüer & faire vn arrest de chose
que l'on a perduë, & que l'on recognoist sié-
ne:& combien que celuy qui a achepté vn cheual
l'ait achepté sans fraude,& l'ait bien payé: Il pourroit toutes fois estre contraint le rendre, ne pouuát
representer son vendeur: Mais en temps de guerre,
& mesme en vne armee,si le cheual auoit esté achepté encore qu'il fust aduoüé, ie suis d'opinion qu'il
ne doit estre rendu,attendu qu'il a esté achepté de
bonne foy & dans vne armee estant au seruice du
Roy. C'est vne opinion qui doibt estre debattue
deuant les Cappitaines qui doibuent maintenir le
droict de celuy qui a achepté ledict cheual, autrement il seroit démonté, sans plus auoir moyen de
pouuoir seruir:C'est autre chose que le droict de la
guerre & le droict ciuil : Le droict de la guerre doit
estre maintenu & conserué au soldat,soit pour son
honneur,soit pour ses armes. Et quand il ne pourroit trouuer celuy qui luy auroit védu, il suffit qu'il
móstre par tesmoings comme il l'a achepté & bien
payé. Mais pourra dire celuy qui a perdu le cheual.
Ie suis en l'armee, ie ne doibs non plus perdre mon
cheual

cheual que luy son argent: I'opinerois que s'il s'of-
froit attendre l'argent, il seroit tenu de le prendre,
affin qu'il eust moyen d'en achepter vn autre. Sur
cette opinion ie mettray en ce lieu vne querelle
qui arriua pour vn semblable subjet à deux Gentils-hommes à Luzignan estans l'armee Roya-
le aux troisiesmes trouppes, dont l'vn aduoüa vn
cheual qu'auoit achepté l'autre, lequel ne le voulut
rendre : Il en voulurent croire de leur different
Monsieur le Marquis de Villars , qui depuis a esté
Admiral, lequel ne les pouuant accorder, en prinst
l'aduis des plus sages Capitaines qui oppinerent
que celuy qui auoit achepté le cheual ne le deuoit
perdre, à tout le moins son argent, veu le temps &
la necessité de la guerre où nous estions, ce qu'il ne
voullut accorder: Mais à force de remonstrances,
il fut condamné qu'il payeroit la moitié de ce
que pouuoit valloir le cheual, que Mosieur le Marquis de Villars paya à ses despens pour les oster de
dispute, qui fut trente cinq escuz, sans en vouloir
estre rembourse: Voila ce me semble mon opinion
bien prouuee par l'aduis de beaucoup d'honnestes
Gentils-hommes tous Capitaines. Voyons à cette
heure, si vn cheual prins à l'ennemy en temps de
guerre est de bonne prinse? Il faut specifier cest article. Ie dis que si vn cheual est prins allant à la guerre , que le cheual, le soldat & les armes sont bien
prins, & le soldat doit estre mis à rançon , combien
qu'il eust emprunté le cheual & les armes. Aussi est-
il semblable d'vn assault de ville, tout ce que le sol-

Aa

dat prend est de bonne prinse. Et ne peut ny ne doit
estredemádé ny aduoüé de qui que ce soit: Mais s'il
est prins en sa maison de nuict, & sás la códuitte d'vn
Capitaine il est mal prins : Et celuy à qui aura esté
faict vn tel acte, pourra maintenir que c'est vn acte
de vollerie. Les Romains ont voulu que les voleurs
& brigans fussent penduz & mis au gibet pour
exemple. A plus forte raison les meurtriers deuroient estre punis cruellement, & aussi ceux qui
eschelent les maisons de nuict & rompent les mu-
railles, ceux-là meritent plus grande punition que
ceux qui font leur larrecin de iour. Les Moscouites
& les Tartares condemnent à mort le larron: Aux
Indes Orientales , autres-fois les larrons estans
surprins en leur larrecin estoient empallez tout
vifz. Mais en la republicque des Egyptiens anciennement le larrecin estoit recommendable , & le
plus subtil larron estoit le plus estimé & le plus prudent, & combien que les Roys de leur pays ayent
faict plusieurs loix pour corriger ce vice, il est toutes-fois demeuré eternel en leurs nations. Sur ceste
question que i'ay faicte d'vn cheual aduoué s'il se
doibt rendre. Ie suis tombé sur ce propos de l'arre-
cin que i'ay bien voulu desduire, y estant le subiect
assez propre : & aussi que la plus belle police qui
soit en vne armee, c'est de mettre ordre aux larrons
& aux meurtriers, qui est le lieu où il s'y en faict le
plus: La police militaire est grandement requise

pour la seureté des gens de guerre, & de tous ceux
qui la suiuent.

---

*Vn Capitaine qui a presté des cheuaux & armes au
soldat, comme il s'en doibt faire payer.*

CHAPITRE XXIII.

E suis d'opinion que le Capitaine qui
a presté à vn soldat des armes & cheuaux, par obligation, soit payé à la premiere monstre, au prix qui aura esté
conuenu entre eux. La monstre faicte, & le soldat
l'ayant touchee est tenu de le payer. Et encore que
precisément il ne l'ait payé à la monstre, cela suffit
qu'il en ait receu l'argent: Mais si ainsi estoit que l'e-
quipage eust esté perdu à la guerre, ou que le soldat y eust esté tué sans faire aucune môstre, ie croirois que le Capitaine ne peut demander son argêt,
& l'obligation doit estre perduë & demeurer nulle: Mais s'il estoit que le soldat eust gardé l'equipage que le Capitaine luy auroit vendu, plus d'vn an
ou deux, combien qu'il n'eust point fait de monstre. Ie suis d'opinion qu'il seroit tenu de le payer
au prix qu'il s'y seroit obligé: Car puis qu'il l'a gardé: Par là il faict assez de preuue qu'il s'en veut seruir. Puis donc qu'il s'en sert, il faut qu'il le paye. Et
encores que le cheual luy fust mort, ou qu'il s'en
fust deffaict: cela ne pourroit empescher qu'il ne soit
tousiours tenu de le payer, pour deux raisons l'vne

parce qu'il s'en est seruy lõg temps apres son voyage, L'autre, que s'en estant deffaict, il a faict comme chose qui estoit à luy, dequoy il en a disposé, &
en a tiré du profit: Mais ie trouuerois bon qu'au re-
toûr du voyage, s'il ne s'estoit point faict de monstre, que le soldat s'en allast à son Capitaine le prier
de reprendre l'équipage qu'il luy auroit vendu,
pourueu qu'il fust en son entier : i'opinerois que
le Capitaine seroit tenu de le reprendre, & luy rendre son obligation.

Qu'il n'est pas bon de regarder les lettres de son amy.

CHAPITRE XXIIII.

QVAND nous voulons rendre certains
nos amis de nos nouuelles, nous leur rescri-
uons, & les rendõs certains des affaires que
nous pouuons auoir ensemble. Ou de ce qui se dit
& passe en la compagnie où nous sommes: de maniere que la lettre escrite & signee de nostre main,
est vn tesmoignage propre de faire certain nostre
amy de l'amitié que nous luy portons: Voila pourquoy l'on doit estre tant officieux enuers son amy,
qu'en rencontrant vn messager qui luy porte des
missiues de ne les regarder: & qui le faict autremét,
il faict l'office d'vn mauuais amy: Car regardant les
lettres que l'on escrit à son amy, on en offence
deux, Celuy qui escrit, & celuy à qui la lettre s'ad-

dresse: Aussi faisant vn tel acte, c'est se precipiter à
vne grosse & bien rude querelle que l'on ne pourroit appaiser comme l'on desireroit. Alexandre le
Grád receut vne fois vn pacquet qui estoit de bien
grande consequence: Il se retira en sa chábre pour
le regarder: Epheftion qu'il aymoit singulieremét,
print vne de ses lettres qui estoient dans ce pacquet
& les regarde: Alexandre ne luy voulant faire desplaisir, auoit vne bague dans le doigt, & luy mit en
la bouche : voulant dire par cela qu'il falloit que
Epheftion euft deux choses en recommandation,
l'vne qu'il ne l'euft ces lettres à haute voix : l'autre
apres les auoir leuës, qu'il ne recitaft ce qui estoit
contenu en icelles. Il ne faut pas donc regarder les
lettres de son amy, affin qu'il n'ait point occasion
de se plaindre que l'on luy a faict tour de mauuais amy, & aussi pour euiter vne querelle : car ce
faict despend de la fidelité & preud'hommie d'vn
homme de bien, & d'vn honnefte Gentil-homme.

Il est tres-honnefte aux Gentils-hommes de se saluër.

CHAP. XXV.

'EST vne marque de recognoissance qui
a esté de tout téps obseruee auec les hon-
neftes Gétils-hommes de se saluer: & ceux
qui n'en veulent vfer, & qui attendent que l'on les
saluë les premiers, l'on les tient pour ennemis, &
bien peu nourris en ciuilité. Plutarque dit que c'e-

ſtoit l'vſage quand l'on rencontroit ſon ennemy
de ſe couurir la teſte, & deuant ſon Prince & ſon
amy l'on ſe deſcouuroit: Car comme la teſte eſt le
plus principal membre de l'homme, & le plus digne: Auſſi en le ſaluant l'on ſe met en ſa puiſſance
ſe diſant ſon inferieur. Auſſi à la verité c'eſt vn ſigne
d'honneur & de reuerence, quand l'on ſe deſcouure
& que l'on s'humilie : nous auons vn exemple fort
digne de Fabius Gurges ieune homme eſtant conſul, voyant venir ſon pere au Senat qui eſtoit mon-
té ſur ſon cheual enuoya vn Huiſſier l'aduertir de
deſcendre, ce qu'il trouua fort bon, & en ſit hóneur
à ſon ſils pour auoir bien entendu ſa charge & ſe
ſçauoir bien maintenir aux grades & honneur où
il eſtoit appellé, ceſt exemple n'eſt point eſloigné
de raiſon , puis qu'on eſt appellé à quelque titre
d'honneur l'on en doit faire difference auec ceux
qui ne ſont pas de ſemblable qualité, anciennemét
à Rome pour faire le roturier differant à la noblef-
ſe qui eſtoient ordinairement en controuerſe & aux
iniures l'ón aduiſa que les roturiers feroient des Tri-
buns & que les nobles n'y ſeroient receus, & le Con-
ſulat ſeroit donné aux gentils-hommes ſans que
les roturiers y peuſſent aſpirer: de maniere que la
perte des grands honneurs & Conſulats n'eſtoit ou-
uerte que à la nobleſſe & les roturiers n'y parue-
noient quaſi iamais ſi ce n'eſtoit pour auoir fait de
grands ſeruices, à la republique , & beaucoup d'a-
ctes de guerre, ſignalez: comme Marius qui de pay-
ſant ſe ſi gentil-homme & eut ſept fois l'eſtat de

Conſul, encore cela ce faiſoit auec beaucoup de difficulté, parce qu'il n'y auoit que les nobles & les fa-
milles de bien ancienne maiſon qui poſſedoient
ſes eſtats , auſſi il eſt bien ſeant au gentil-homme
par ſa vertu & ſa valleur d'acquerir de grands honneurs & de grandes charges comme Bertrand du
Gueſclin qui fut appellé du Roy Charles cinquieſme pour eſtre ſon Conneſtable & luy fit de grands
ſeruices, & beaucoup d'autre que par leur vertu &
magnanimité grande ont eſté eſleuz au plus haut
degré d'honneur qui ſe puiſſe ſouhaiter : puis donc
que lavalleur & les longs ſeruices ſont occaſion que
l'on eſt eſleuè, par le Roy aux charges honorables,
il eſt bien raiſonnable de les honorer & les ſalüer:
i'ay bien voulu remarquer ceſt exemple pour fortifier l'honneur & la reuerence que l'on doit à ceux
qui ont des qualitez & en quel honneur anciennement ils eſtoient tenus.

LE COMBAT DE
SEVL A SE-VL EN CAMP CLOS.
PARTIE QVATRIESME.

EN ceste troisiesme partie nous auós assez parlé des arbitres & de leurs conditions , s'il est besoin de sçauoir leur nom , semblablement de ceux qui moyennét l'accord d'vne querelle, & comme vn gentil-homme doit tenir sa promesse , aussi que les gouuerneurs des prouinces doiuent prédre la cognoissance des querelles , ensemble qu'vn prisonnier de guerre doit tenir la foy qu'il a promise:nous auons rapporté aussi de la difference des gentils-hommes qui se disent estre de meilleure maison qu'vn autre, & que le gentil-homme d'honneur se doit bien garder d'auoir crainte ny peur quand il entre au combat, auec plusieurs autres questions & demandes qui estoient propre à desduire sur ce subiect. Nous parlerons à ceste heure en ceste quatriesme partie apres auoir fait passer les Cheualliers par les combats, & auoir debattu de leur honneur, & fait toutes choses qui en dependent, le moyen le plus honneste que le gentil-hóme pourroit prendre pour euiter les querelles.

Que

Que les guerres ciuilles *&* intestines sont en partie cause de l'abondance des querelles.

CHAPITRE PREMIER.

APres auoir parlé de plusieurs sortes de querelles, & des raisons qui meuuent les gētils-hōmes de se quereller, ensemble la maniere de les accorder, il m'a semblé estre bon d'y adiouster dont elle procede, i'ay tousiours estimé que l'abondance des querelles & le principal motif prouient des guerres ciuiles & intestines, qui se font & se composent pour la diuersité des opinions des subiects qui entrent en different, ou pour les enuies qui s'engendrent entre les plus grands : de là il se dresse des entreprinses : le despit (mesme le François qui y est plus prompt que toute autre nation) les fait reuolter & prendre les armes sous pretexte de quelque subiect. Tous ont esté de ceste opinion que les guerres ciuiles ont esté la ruine des Royaumes & monarchies, aussi des republiques, les histoires rendent assez tesmoignage de mon dire, l'on sçait assez comme les florissantes republiques d'Athenes & de Lacedemone ont esté construites & basties par les plus grands Legislateurs & guerriers de leur temps, lesquels ne sceurent euiter ce peril qu'ils ne tombassent en dissensions, à quoy bien preuoyant Lycurgue & Solon, deux des plus grands maistres pour bien pollicervne republique,

ils sceurent si bien mettre ordre qu'ils firent durer
long temps leurs republiques:& toutesfois elles ne
sceurent si long temps durer, qu'elles ne se rendis-
sent proyes à leurs voisins & qu'vn chacun n'en em-
portast sa part. Les Romains qui auoient esté si
triomphans &si braues victorieux,par la dissention
des plus grands tomberent en guerres ciuile & intestines si sanglantes, que à la fin le plus fort l'em-
porta & en fit vn empire qui a long temps regné:
mais tant qu'ils ont eu quelque chose à debatre
auec leurs voisins, ils l'ont fait auec tout heureux
succez & conserué par de tres-grands capitaines:
ce fut la cause quand Scipion fit raser cartage qu'il
s'escria, ha Rome voila ta perte, & de toute la republique , & de fait cartage rasee ce fut oster l'e-
xercice de la guerre aux grands capitaines de Rome
& à la ieunesse qui entrerent aux guerres ciuiles
incontinant,comme Silla & Marius : Cesar &Pom-
pee : Auguste & Marc-Anthoine , enfin Auguste
Cesar en demeura maistre l'on ne voyoit en ce
temps-là que querelles dans Rome , les vns tenans
vn parti,& les autres vn autre , & de là procedoient
forces meurtres, & depuis quelle partie a l'on veu
entre les Guelphes & Gibelins,les vns tenans le parti pour l'Empire, & les autres pour le Pape , & les
seigneurs Partisans s'entrefaisoient la guerre,à ceste
occasion ce feroit vne confusion qui pourroit alleguer toutes les querelles qui sont procedees à l'occasion des guerres ciuiles , les histoires sainctes &

prophanes en font pleines. Il fe trouue dans les hiftoires de France que la querelle qu'eſtoit entre la
maiſon de Bourgongne & d'Orleans dura pres de
cinquante ans, où il fe fit de grands meurtres des
deux coſtez qui fut vn piteux ſpectacle pour la
France : ainſi les fubiects eſtans de parti contraire
entrent en querelle pour des plaintes, ou autre ex-
cez que produit ceſte miſerable guerre, comme ſac-
cagement de maiſons, empriſonnemens , rançons
extraordinaires, meurtres, & qui a des querelles, c'eſt
l'heure & le temps de fe vanger. Voila comme il eſt
apparent que les guerres ciuiles ont produit les
querelles qui regnét auiourd'huy, ie ne fuis aſſez capable pour dóner le remede qui ſeroit propre pour
appaiſer ces querelles, il ſeroit expediát qu'vn ſage
legiſlateur y fuſt appellé. Le Roy qui eſt auiour-
d'huy regnant auec ſa prudence y mettra vn ſi bon
ordre que tous ſes fubiects en demeureront con-
tans pour les maintenir en paix concorde & vnion.
Ariſtote propoſe pluſieurs raiſons qui font trou-
bler vn eſtat , ie ne fuis icy pour les alleguer, parce
que le ſtyle en eſt trop long, ceux qui feront curieux de le voir, ie les y réuoyeray pour en faire la lecture, il y trouueront de belles raiſons toutes apparentes & bien conſiderables pour maintenir vn
eſtat en ſa grandeur : pour euiter ceſte confuſion,
i'eſtime qu'il eſt neceſſaire d'exercer le fubi-
iect de la guerre auec le voiſin eſtranger , non
pas pour la continuer : que l'on regarde tant

que nous auons eu la guerre auec l'estranger, si l'on
a veu des querelles en ce Royaume, elles y ont esté
si rares qu'il ne s'en parloit presque point, & s'il y en
auoit, elles estoient incontinant appaisees depuis que nous auons eu la paix en France auec nos
voisins, vn an apres nous sommes tombez aux
guerres ciuilles. Voila ce me semble auoir bien
prouué comme les guerres ciuilles sont cause de
l'abondance des querelles.

Que le plus seur moyen pour euiter les querelles, c'est le sup-
port de la pieté, iustice qui est le vray fondement
de se maintenir en concorde & amitié.

CHAPITRE II.

NOus auons dit au precedent chapitre l'occasion des querelles, il me semble que ce seroit bien à propos de parler à cest heure du
moyen de les euiter: le moyen qui me semble propre, c'est de se maintenir auec toute pieté & obeyr
à la iustice, estant tout certain que de ces deux co-
lonnes la concorde est maintenuë auec tout honneur & obeyssance que l'on doit porter à son Roy,
& auec l'amitié qui doit estre entretenuë en la so-
cieté & frequentation des hommes, & croy qu'il
n'y a homme de sain iugement, & sçachant que
c'est de raison qui n'embrasse mon dire.

Ie parleray de ce que ie trouueray le plus apparent
& digne d'estre bien consideré. Ie commenceray
par la pieté. La Pieté se prend pour celuy qui est de-
bonnaire, humain, charitable, paisible, deuotieux,
attrempé, & plein de toute bonne partie que doibt
posseder l'homme de vertu: Ie diray donc que celuy qui est pitoyable & plein de bonté, est garny
d'vne grande amitié, & fort prompt à faire plaisir à
son amy: Ceux qui sont garnis de cette pieté sont
paisibles , haissans les dissentions & querelles ne
voulans offenser vn seul, craignans d'auoir debat à
qui que ce soit, tant ils sont pleins de prud'hõmie
& de bonté. La conuersation de telles personnes
est grandement à desirer:comme au contraire celle de ces furieux insensez & querelleux qui sont
tousiours enclins à mal, est à euiter. Et parce que
c'est chose tres difficile qu'vn chacun puisse reprimer ces affections, contenir les mouuemens de son
cœur, & moderer la maniere de sa vie, & se maintenir si heureusement que rien ne le puisse faire
tomber en chose des-honneste ny reprochable.
Cela doibt faire penser de plus pres à nous forcer
de bien regarder à noz actions: afin que nous n'en-
treprenions rien qui nous puisse esloigner de la reputation que l'homme vertueux doibt acquerir:
par ces honnestes & sainctes circonstances nous
euiterons les querelles: Car tout homme paisible
& bien considerable euitera tousiours l'occasion
d'vne dispute, & ne s'arrestera aux paroles legeres
& de peu d'effaict:comme font ordinairement les

turbulans qui se formalisent à tous propos, sans
aucune apparence de raison, il faut fuir ces gens-là
qui sont prompts en paroles, & prendre garde à ce
qu'ils disent, & qui ne sçauent, quand ils parlent, s'il
y a de la vertu ou du merite. Et de faict l'on ne peut
faire distinction entre le sage & le fol: sinon que le
sage, par ses bons propos & iugement cherche tousiours la vertu, & se conduit en ses affaires auec toute equité. Mais celuy qui est fol se côduit tousiours
par sa propre sensualité se seruant en ses affaires de
ses propres affections. Par là il est aisé à iuger combien l'homme plein de verité & qui la suit, est plus
heureux que celuy qui est remply de folie & de
mésonge. La verité donc est desirable parce qu'elle faict reluyre l'homme en tous ses gestes & paroles: de maniere qu'vn chacun est affectióné & fort
desireux de chercher la frequentation de telles
personnes, car de ceux-là vous n'apprendrez que
toutes bonnes œuures, & à haïr & detester le mensonge, ceux-là doiuent estre frequétez, parce qu'ils
sont pleins de vertu, & leur vie remplie de sagesse,
bonté & modestie. Auec ceux-là il ne s'y bras-
sera point de querelle, & vous conseilleront de
les fuir, comme estát vne ruine totale en vne trou-
pe d'hommes d'honneur. Aussi il faut separer les
querelleux de la compagnie des hommes d'honneur & de vertu, côme vne breby galeuse est tousiours separee du troupeau de celles qui sont bien
saines, de crainte que celle-là toute seule infecte les
autres. Quand vn querelleux fort euenté auroit

long temps frequenté la compagnie des hommes
d'honneur, il fe reduiroit à de meilleures conditiõs.
Voila comme les bonnes compagnies font à defirer, & les mauuaifes il les faut fuir: Auec les gens de
bien l'on n'y apprend que tout bien & honneur, &
à blafmer le vice: Auec les vicieux l'on n'y voit que
des mefchancetez , aufquelles l'on fe laiffe le plus
fouuent emporter par faute de iugement: Les mauuaifes compagnies font perdre & des-honorer le
Gentil-homme qui veut obeir à leurs deffeins. Et
de là vient que la maifon & la race dont il eft yffu,
en reçoit vne honte. Il n'y a donc chofe fi neceffaire au Gentil-homme pour euiter les querelles que
la frequentation des hommes vertueux. Voila ce
que i'ay à dire fur la pieté eftant la verité conjointe
enfemble , & les obferuant bien , c'eft le moyen
pour obuier aux querelles : & qui de bien pres fera
curieux de les garder, il fe rendra heureux & bien
accomply en toute honnefte exercice de vertu, &
euitera beaucoup de querelles, qui fe font tous les
iours. Nous parlerons apres la fuitte de ce chapitre
de la Iuftice. Mais il ne faut laiffer en arriere l'humilité qui fuit de bien pres la pieté & eft propre
pour le Gétil-homme, de laquelle il fe doit accompagner pour eftre vne perfection d'honneur. Et
malaifément pourra-il frequenter les compagnies
grãdes & honnorables s'il n'eft humble & gratieux. C'eft de là qu'il doibt tirer vne loüable reputation pour eftre aymé, eftimé , bien voulu,
& careffé : au contraire s'il eft arrogant &

plein de gloire, il sera odieux & delaissé d'vn chacun dont s'en ensuiura beaucoup de querelle , &
plusieurs autres inconueniens:Bien peu de gallands
hommes peuuent compatir auec vn glorieux , &
ceux-là sont hays d'vn chacun:C'est aussi le moyen
de se tenir en vne bonne concorde & vnion : car si
entre parens,amis & voisins il n'y a de la concorde,
il sera difficile que le temps n'y ameine quelque di-
uorce:Veu que l'infirmité de cette vie humaine qui
est subiette à tant d'accidents,veu la varieté de toute chose, qui à toute heure se change & diminuë.
L'on doit tenir pour magnanime & vertueux ceux
qui y sçauent resister:cela ne se peut bien accomplir que par cette vertu de pieté , & ne se peut acquerir par le seul naturel de l'homme,mais diuene-
ment, & par le bon vouloir de Dieu. Celuy-là dõc
doit estre tenu pour sage,magnanime & vertueux,
qui par vne si saincte confederation & estroitte
amitié,se maintient & se conserue auec parés, voisins & amis.

De la Iustice qui est compagne de la Pieté.

CHAP. III.

ARLONS à cette heure de la Iustice que
i'auois reseruée pour en faire ce chapitre
à part.Elle doit estre maintenuë & conseruee,tant pour les bons, que ceux qui
sont de mauuaise vie:Aussi Iustice n'est autre chose
que

que de rendre esgallement le droit à vn chacun,
auec toute raison & equité. Aristote approuue ce
dire, quand il dit, Que nul ne se peut dire iuste s'il
n'est accompagné d'vne bonne volonté de bien
faire toute chose iustemét. Parquoy il faut estimer
que celuy qui sera disposé à viure selon l'ordre de la
Iustice. Et qui craindra de varier en choses qui sont
equitables, celuy-là sera gouuerné de Dieu : parce
qu'en luy est la sapience de Iustice , qui conduist
toutes ces pensees & ses actions à bien faire. Ceste
alliance qu'il a auec Dieu le rend loüable enuers les
hommes: parce qu'il exerce toute honneste chari-
té: & se rend liberal & bien-faicteur à ses amis: C'est
le contentement de la vie humaine que de bié faire, pour estre loué, prisé & reueré, tát en la vie qu'a-
pres la mort, & eternisera iamais la memoire d'vne
grandeur à sa posterité: Les meschans laissent aussi
bien la memoire de leurs actions à leur posterité:
Mais ce n'est pas auec la vertu ny auec œuures qui
soiét loüables, comme les Tirans qui exercent quelque espece de Iustice : I'en rapporteray en ce lieu
vn exemple de Cambises trescruel , lequel fit es-
corcher Sizannes qui auoit iniquement exercé sa
Iustice. Il fit coller sa peau sur sa chaire de iudica-
ture. Combien que cest œuure fust faite pour bonne raison , si est-ce toutesfois qu'il le feit pour rassasier plustost son accoustumee façon de tyranni-
ser les personnes, que pour bonne enuie qu'il eust
de faire Iustice. Les meschans ne font iamais garnis
de bonne raison , & n'ont en eux aucune Iustice

Mais l'homme de bien qui eſt aſſiſté de la crainte
de Dieu ambraſſera touſiours la vertu auec tout
honneur, & ſe maintiendra auec ſes amis auec tout
droict & equité. Eſtant pourueu des diuines graces
dont Dieu l'a orné: Qui eſt le miroir de toute excellence, meſmement quand il prouient de la totale
puiſſance de Dieu. C'eſt donc à bon droit que ie
maintiens que le ſupport de la Iuſtice nous faict
maintenir en amitié & concorde, & empeſche la
multitude des querelles. Certainemét il ne ſe trouue choſe qui ait plus grád force pour cótenir celuy
qui eſt hautain, mutin & querelleux: que la crainte
de Dieu & la reuerence qu'il doibt porter à la Iuſtice, en obeiſſant à ſon Roy & aux Migiſtrats. C'eſt la
bride pour arreſter l'homme vicieux, & l'empeſcher qu'il ne mette ſa vie & ſon bien à l'abandon,
auec vn perpetuel deſ-honneur pour ſa race & ſa
renommee. Ie ſuis toutesfois d'opinion que fort
fort mal-aiſément l'on peut oſter ſon entendemét
du vice, qui ne ſ'appliquera à bien contempler la
renommee d'vn homme vertueux, & combien elle
eſt admirable. Et celuy qui en voudra bien ſoigneuſement rechercher l'excellence qui en prouient il ſe rendra honoré. A cette occaſion cet an-
cien Philoſophe Chriſippe, pour faire demonſtra-
tion combien la Iuſtice deuoit eſtre admiree entre
les hommes, feit peindre vne vierge ayás les yeux
ardens & eſtincellans, pour faire preuue que la Iuſtice doibt eſtre inuiolablement gardee. Auec
toute equité Lyſandre Capitaine des Lacedemo-

niens eſtoit d'opinion que la republique la mieux
gouuernée, eſtoit celle où les bons & les mauuais
eſtoient recompenſez ſelon leur merite ou leurs
forfaits. Les Payens auoient la Iuſtice en telle reuerence, qu'ils honoroient apres leur Roy, les magi-
ſtrats qui l'exerçoient: & celuy qui eſtoit ſi temeraire & effronté de toucher vn Magiſtrat, eſtoit
puny à mort. Les bonnes Loix & les vertueux Princes font les ſubjects bons & bien obeiſſans. Et de
la Police bien ordonnee procede la continuation
& l'entretient d'vn floriſſant Eſtat: & vne inſtruction aux autres qui regneront apres luy, de ſuiure
cette trace. Ce ſera aſſez prouué que la pieté & la
Iuſtice, ſont deux vrays fondemens pour ſe maintenir en concorde & amitié, qui eſt le vray moyen
au Gentil-homme d'euiter les querelles.

---

*Que la Nobleſſe deuroit eſtre nourrie en toute honne-
ſte exercice, & apprendre que c'eſt de vertu
pour viure heureuſement.*

CHAPITRE IIII.

Ocrates, Platon, Xenophon, Plutarque,
& pluſieurs autres qui ont eſcrit de la diſcipline, ont ſoigneuſement recõmandé
la bonne inſtruction des enfans. Et ſont
de cette opinion que ſelõ que la ieuneſſe aura eſté
bien inſtruitte auec vne honneſte diſcipline qu'elle

s'en reſſentira quand elle aura attaint l'aage de ſa
force: Ces Philoſophes blaſment auſſi grandement
les Peres qui par auarice ne veulent faire bien inſtruire leurs enfans: C'eſt bien la raiſon que les
Peres ſoient curieux de leur bailler vn bon commencement, & de les apprendre à bien ſeruir Dieu
& de fuir le vice. Soyez certains que ſi en cette tendre ieuneſſe, ils prennent vn commencement de
bien faire qu'ils continueront, & n'auront vne ſeule volonté de mal-faire le reſte de leur vie: Ie blaſ-
merois fort volontiers la pluſpart des peres qui ont
ſi peu de ſolicitude de l'inſtruction de leurs enfans
qui ne veulent faire aucuns deſpens, pour auoir
aucuns Precepteurs à les enſeigner. Et quand ils
ont atteint l'aage de douze ou quinze ans, ne ſçauent ne lire ny eſcrire: Tellement qu'il arriue ſouuent que quád leurs enfans ſont paruenus en l'aage
dẽ cognoiſſance, ils deteſtét les mauuais principes
de leur adoleſcence, & ſe ſentent mal tenus aux
peres qui n'ont eu ſoing de les faire mieux inſtruire
voire ils ſont ſi peu ciuils, qu'ils n'ont aucune grace ny contenance, & ne ſçauroient dire vne parole bien à propos. Cela prouient communément
de la mauuaiſe nourriture que l'on leur à donnee.
Ie parle autant des riches que des-pauures. Car le
riche Gentil-homme, cõbien que ſes facultez ſoiét
grandes, ſi eſt-ce qu'il aymera mieux employer ſes
moyens à viure honorablement ſelon ſa Nobleſſe,
& tenir vn grand equipage, de chiens, d'oyſeaux,
& de cheuaux faire vne deſpéce exceſſiue en ſa mai-

son que de la regler & espargner pour faire insti-
tuer & enseigner ses enfans aux bonnes lettres, estāt
chose grandement conuenable au gentil-homme
que les lettres & les armes. Tous les autres qui font
profession des sciences, & qui ne font sortis de noblesse, s'ils estudient ils le font pour s'en seruir le reste de leur vie, & par là ils acquierent des moyens
à leurs enfans, & a leur posterité, mais quand le
gentil-homme à du sçauoir ce n'est pas pour en en-
richir sa maison, c'est pour en tirer quelque iour du
plaisir & du contentement, & pour s'en seruir quād
vne necessité s'y presentera, d'autant que c'est chose
rare que de voir vn gentil-homme sçauant & vaillant tout ensemble qui est vne belle marque & honorable pour sa maison, & pour la patrie, & qui le
rendra quelque iour capable & digne d'estre employé à de grandes negotiations, c'est le chemin par
où les vertueux personnages s'acheminent pour aspirer à vne loüange immortelle. Les anciens Romains faisoient instruire leurs enfans aux lettres, &
ne prisoient aucun en leur republique qui ne fust
plein de sçauoir, ils auoient en si grande reuerence
les gentils-hommes de sçauoir, qu'ils les admiroiét
grandement, & ceux qui n'estoient de telle qualité
s'il les cognoissoiét sçauās, pour les vertus qui estoiét
en eux les rendoient gentils-hommes eux & leur
race, Ciceron le testifie parlant de soy-mesme, que
pour son sçauoir & son eloquence, il fut fait consul & annobly & toute sa race, & apres il fit de

grands seruices à la republique , voila que rappor-
tent les lettres. Il y en a assez qui blasment le gentil-homme qui a estudié, & disent que leur espee
sent l'escritoire, langage plus propre à vn homme
qui ne sçait rien & qui est du tout ignorant, car
l'homme de vertu prisera & honorera le gentil-
homme de sçauoir, & le tiendra pour bien excellent, c'est aussi grand honte de blasmer la vertu &
faire estat du vice, Alexandre le Grand fut instruit
dés sa ieunesse aux bonnes lettres , & eut pour son
precepteur Aristote , & a esté recogneu pour vn
grand & excellent monarque. Le Roy François premier ayma les lettres, & auoit tousiours aupres de
luy de sçauans hommes, à quoy il prenoit fort grád
plaisir , ainsi donc quand le ieune gentil-homme
sera enseigné aux bonnes sciences, il faut qu'il se dispose d'aller à la Cour se faire cognoistre au Roy, &
s'il cognoist en luy quelque honneste perfection,
il ne peut estre qu'il ne le prenne à son seruice : c'est
le lieu aussi où il trouuera beaucoup d'honnestes
hommes auec lesquels il fera vne ordinaire conuersation, mesmement auec ceux qu'il trouuera plus
enclins aux honnestes exercices , voila ce qu'il m'a
semblé estre bon de dire pour la perfection vertueuse de la noblesse, & du ieune gentil-homme.
Plutarque a fait vn traitté comment il faut nourrir les enfans, & dit qu'il n'y a rien qui tant serue à
la vertu & à rendre l'homme bien heureux que la
bonne institution & que tous les autres sont petits
& bien foibles au regard de celuy-là. Il dit dauan-

tage:combien que la bonne nourriture soit tres-
necessaire si a-il toutesfois des circonstances qu'il
faut suiure pour rendre le ieune homme bien parfaict en vertu : nous en parlerons au chapitre qui
s'ensuit.

Des vertus qui sont propres au gentil-homme pour le ren-
dre parfaict & bien accompli.

CHAPITRE V.

Ous les Philosophes ont institué quatre sortes de vertus par lesquelles l'esprit de l'homme pourroit estre instruict en vne honneste façon de bien viure:la premiere est la prudence,
la seconde la magnanimité:la troisiesme, la temperance:& la quatriesme la iustice,i'ay parlé cy-dessus
de la iustice assez amplement:de la magnanimité,
Nous en parlerons au chapitre ensuiuant. Pour çe-
ste heure ie parleray de la prudence & temperance
& premierement de la prudence, qui est vne vertu
si tres-loüable que nul n'est digne de coüerser auec
les Roys & les grands Princes,qu'il ne soit accompagné de ceste vertu, parce qu'elle appuye & enui-
ronne si bien l'homme d'honneur de puissance &
d'authorité qu'elle luy donne moyen d'aller par
tout. Ce vaillant capitaine Romain Fabius Maximus par sa prudence abaissa la furie de Hanni-
bal de Cartage qui auoit si long temps tenu

la republique en subiection. Agamemnon estime
grandement la prudence de son Nestor duquel il
prenoit ordinairement conseil, le cognoissant prudent & qu'il ne varioit point en ses opinions. Aussi
il faut s'accompagner des personnes qui soient sages modestes & bié discretes, le propre de l'homme
prudent est de bien examiner ses entreprises &
non pas se laisser vaincre à quelque fausse opinion,
car si vous outrepassez ces bornes & limites vous ferez beaucoup d'actes meschans & de tromperie, &
vn chacun vous tiendra pour vn cauteleux & ennemy de toute raison, l'humilité accompagne la prudence, l'homme glorieux est hay de tous, l'orgueil
rend la personne felon , tyran, & presque barbare
desplaisant à Dieu & aux hommes, la Saincte Escriture tesmoigne assez cóbien Dieu a eu en horreur
la vaine gloire. Ie parleray à ceste heure de la temperance, & premierement de la sobrieté. Le gentil-
homme sobre ses actions l'accompagneront, parce
qu'il est tousiours reuestu d'vne honneste contenance auec vn maintien de corps & d'entendement,
il est tout certain que si le gentil-homme est de-
bordé en sa façon de viure qu'il ne fera iamais bel
œuure & toute sa vacation sera vitieuse : assez de
grands personnages pour leur yurognerie sont
tombez en grand malheur : Solon le sage legislateur fit vne loy par laquelle il commandoit d'occire
celuy qui se trouueroit yure. Plato cóme il fut arriué
en Sicille voyant la table de Denis le Tyran estre
couuerte de tant de diuersitez de viandes, dist que
tel

tel seruice estoit plus seant aux pourceaux qu'aux
hômes. De ce vice, il en sort vn plus infame qui est
la luxure dont ie veux admonester l'honneste gentil-homme de ne se laisser point surmôter à toutes
ces vilaines affections qui souillét l'ame & le corps,
ruynent l'esprit & l'entendemét, par les femmes de
grands personnages se sont perdus: qui prouoque
l'occasion de ce vice, que l'oysiueté? car l'homme
qui n'a aucun exercice est celuy qui se laisse plustost aller à ses debordees concupiscences d'autant
qu'il est tout certain que celuy qui n'a aucun sçauoir ny instruction est oisif, estant tel, il s'applique
plus volontiers aux imperfections, parce qu'il n'a
aucune perfection, c'est la raison que le gétil-homme soit nourry en tout honneste exercice de
vertu, cela luy fera euiter le vice & la querelle, &
s'exercera tousiours à faire quelque honneste office
afin de resister à toutes les mauuaises impressions
qui sont coustumieres de tourmenter l'homme, &
qui ne seruent que de changer les bonnes opinions en des mauuaises, & estant accoustumé de
s'exercer à quelque chose honneste son esprit s'e-
studiera de diuertir toute les mauuaises qui le pourroit agiter: c'est la raison pourquoy ie conseille au
gentil-homme d'euiter oysiueté qui est la mere
nourrice de tous vices. Il faut aussi si le ieune gentil-homme veut estre contraint & bien temperé,
qu'il s'abstienne de beaucoup de despens, cela ap-
porte la ruine des bonnes maisons, ie sçay bien que
ce cœur de noblesse est tát plein d'ambition qu'il ne

Dd

peut corriger & regler sa despence , c'est faute de
se sçauoir cognoistre:pour ceste raison il faut que
le gentil-homme regle sa despence par vn bon iugement & vne grande prouidence,autrement qu'il
s'asseure qu'il y succombera & se rendra pauure. La
sagesse & l'honneste maintien d'vn gentil-homme,
c'est de se sçauoir mesurer selon sa faculté. Voila ce
qu'il m'a semblé propre d'escrire pour l'instruction
du gentil-homme vertueux , & pour rendre sa vie
heureuse & eterniser sa memoire quand il se rendra affectionné à le bien suiure : celuy qui sera desireux d'en apprendre d'auantage , ie le renuoyeray
à lyre Seneque la où il y verra beaucoup de bonnes
instructions qui pourront seruir aux bonnes
mœurs:car la nourriture (comme dit Seneque) &
l'instruction nous façonne,les meurs , & chacun se
sent de ce qu'il a apprins, & pource la bóne compagnee doit oster ce que la mauuaise a introduit. Ie
prieray donc le ieune gentil-homme s'il préd plaisir de faire la lecture de ce que ie viens de dire d'en
tirer vn exemple ce faisant il se rendra heureux qui
luy pourra seruir pour euiter l'inconuenient d'vne
querelle.

Que la hardiesse & vaillance d'vn gentil-hom-
me ne doit estre estimee si elle n'est accom-
pagnee de magnanimité.

CHAP. VI.

LE magnanime gentil-homme a tousiours
esté grandement estimé quand il a eu de la
hardiesse & du courage, mesmement ce-
luy qui fait profession des armes comme celuy qui
y est le plus propre & qui en fait le plus souuent l'experience & qu'il la fait reluire en tous endroicts la
où il se trouue: aussi malaisement la vaillance que
l'on nomme proprement magnanimité, quand elle
est accompagné de hardiesse ne se peut cacher, qui
est vne vailláce loüable & prisee d'vn chacun: mais la
hardiesse vitieuse qui n'est accópagnée que de temerité & de presomption doit estre rejettee des vaillans hommes. Les vaillans hommes ont esté tous-
jours prisez, comme à la verité la valleur d'vn gentil-homme doit estre loüee. C'est ce qui embellist
beaucoup sa renommee, d'autant que celuy qui se
dispose à suiure les armes tout ce à quoy il tend c'est
d'acquerir le titre de la hardiesse, & s'il cognoist que
l'on ne le tient pas en ceste estime, il s'efforce d'en
faire preuue par sa valleur ayant le cœur braue
& genereux : ie veux donc dire que le hardy
& vaillant homme s'il n'est accompagné de ceste
belle vertu de magnanimité, sa valleur est fort peu

loüable, pour ceste raison la vaillance d'vn gentil-
homme doit estre de telle condition qu'il ne se
rende point plus hautain, ny plus audacieux ny té-
meraire, mais qu'il soit accompli de beaucoup
d'honnestes façós de faire, courtois, gratieux, plein
de bonnes mœurs, modeste en ses actions, sobre,
point vanteur, ny glorieux, & ne s'estimer pas plus
qu'il doit, euite la crainte estant ainsi bien accompagné de tant de belles vertus. Le vaillant gentil-
hommeviura ainsi librement & sans apprehension.
Magnanimité proprement c'est de ne varier aucunement & attendre la fin de sa vie resolument, il n'y
a rien de beau ny de grand en toutes les choses humaines, fors vn grand cœur & vn hardi courage,
qui embrasse toutes choses belles & grandes, si le
gentil-homme est magnanime & courageux, il ne
pensera iamais que l'on luy puisse faire tort, & quád
il verra son ennemy en sa puissance, il estimera que
c'est vne tres-grande vangeance que d'auoir le pouuoir de se vanger : le magnanime gentil-homme
n'attaquera point son ennemy que premierement
il ne luy ait fait entendre : car les finesses & tromperies ne sont logees sinon en ceux qui ont le cœur
foible & de peu de valleur, c'est vne belle chose que
de se faire craindre, & redouter à ses ennemis, & se
faire aymer à ses amis : le gentil-homme porte l'espee pour s'en seruir en lieu d'honneur, & pour repousser les iniures que l'on luy pourroit faire, & en
ayder à ses amis quand il en sera requis ; mais il se
doit bien garder de s'en seruir à toutes occasiós tant

bonnes que mauuaifes , car en cela il ny auroit
nulle magnanimité : comme beaucoup de querelleux qui n'ont autre exercice que de brauer leurs
voifins. Ie fçay de bones maifons qui fe font renduz
pauures & neceffiteufes , pour auoir fouftenu des
querelles, & y ont employé la meilleure partie de
leurs moyens. Le Gentil-homme de vertu doibt
euiter cet exercice. Il faut donc que le Gétil-homme abandóne toutes fes œuures lafches & qui font
de peu de merite: Et qu'aupres des Roys il cherche
le chemin pour acquerir le tiltre de magnanimité
par fa valeur & hardy courage. Le Roy fçait bien
faire election de ceux qu'il cognoiftra auoir de la
valleur & du merite, & les fauorifer. La grandeur
d'vn Roy eft telle qu'il la manifeftera en toutes fes
actions genereufes , en efleuant les perfonnes de
merite, & chaffant ceux qui en font indignes : prenant exemple d'Héliogabale, qui fut fi inhumain,
que les plus beaux Eftats de fon Royaume, il les
donna aux plus miferables vilains qu'il peuft ren-
contrer. Auffi faut-il que le Gentil-homme vertueux remette tout fon deffein à faire feruice à fon
Roy, & fe tenir pres de luy : affin que quelque iour
il foit appellé de fon Prince pour le feruir, & eftre
employé pour fa Prouince: n'efpargnant ny fa vie,
ny fon bien pour donner tefmoignage de fa Nobleffe & de fon hardy courage, tant pour la patrie,
que pour fa pofterité C'eft ce que ie puis dire de la
hardieffe & magnanimité du Gétil-hóme, & comme elle doit eftre eftimee.

Que c'est chose qui affoiblit grandement la hardiesse d'vn
Gentil-homme, qui ne bouge de sa maison, &
qui ne cherche les hazards de la guerre.

CHAP. VII.

CETTE question est digne d'estre propo-
see, affin que s'il y a quelque chose au Gentil-homme qui manque au deuoir de son
honeur, celà le doit inciter à prédre le chemin qu'vn
homme de valleur & de courage doit tenir: Le plus
excellent exercice d'vn Gentil-homme, c'est la
guerre qui doibt estre si viuement imprimee en vn
cœur genereux, qu'à toutes les occasions qui se
presenteront, il y doibt employer sa vie & son bié,
& en ce faisant sa reputation en sera plus grande &
beaucoup estimee: Mais quand le Gentil-homme
se laisse aller à ses plaisirs, croupissant en sa maison
auec toutes les delicatesses qu'il se peut imaginer.
Ie ne puis tenir celuy-là fort genereux ny plein de
courage, ny semblable à celuy qui s'exposeroit aux
hazards de la guerre. Toutesfois pour n'en vouloir
iuger trop temerairement i'en feray quelque separa-
tion des vns aux autres. Ie commenceray à parler
de la ieunesse d'vn Gentil-hôme, lequel s'estát acheminé à porter les armes, cela le rend plus accord
aux compagnies & plus familierement il les recher-
che. Aussi quand il delaisse cette premiere façon, il
s'oublie & s'exerce à autre chose plus legere, aymát
prendre son plaisir en sa maison. C'est le malheur

du Gentil-homme, que quand il a vne fois gousté
& prins ses aises, il ne peut plus s'addonner à l'exercice de la guerre : toutesfois cette premiere bou-
tade la rendu galland homme, hardy & valeureux.
Les vns quand ils s'occupent ainsi en leurs maisons,
il le font pour quelques necessitez qui sont apparentes : Comme pour auoir de grands procés où
il y va le plus souuent de tout leur bien, & les autres
pour des debtes: Tout cela les c ontrainct de s'y ar-
rester pour y donner ordre. A ceux-là ie leur donne quelque excuse : Les autres n'en sont nullement
desireux, & sont resolus de ne bouger de leur maison pour quelque occasió que ce soit: Et toutesfois
il ne laisse pas d'y auoir quelque generosité en eux:
Comme estant sortis de race genereuse:C'est pourquoy de leur naturel ils sont tellement enclins, qu'il
n'est pas possible qu'ils puissent mal faire en leur
maison.Ils s'addonnent le plus souuent à beaucoup
d'honnestes exercices, & auec vn equipage fort hôneste & non trop excessif.Le Gétil-homme viuant
de ceste façó, i'estimerois beaucoup sa maniere de
viure:Mais ceux-là c'est vn certain instinct de nature dequoy ils sont doüez:Nature n'a pas si bié ouuré
à tous:car il y en a qui ne sont garnis de sçauoir ny
d'entendement, & inutiles en leurs maisons, & en
tous lieux où l'on les voudroit appeller : & n'ont
autre exercice sinon l'auarice & l'vsure, tant ils ont
le cœur mol & foible. De ceux-là ie ne sçay quel
iugement i'en pourrois faire,& n'est mon intétió
de les scandaliser:Mais ie puis dire auec verité, que

la vie de telle personne est grandement à mespriser,
parce qu'il n'y a aucun exercice d'honneur en eux,
n'y chose qui soit recommandable. L'on me dira
que l'exercice de la guerre est de grand frais, & que
le pauure Gentil-homme ne peut auec ses petits
moyens atteindre iusques là , cela le contrainct de
demeurer en sa maison:Ie responds qu'en la guerre
il y a assez de moyen pour le pauure Gentil-hóme
de chercher sa fortune.Les Princes, gráds seigneurs
& Gentils-hommes de bonne maison, seront tres-
aises d'auoir aupres d'eux des Gentils-hommes
d'honneste façon: Et s'il se veullent disposer à les
suiure,il y acquerront du bien : & apprendront de
l'honneur, & par ce moyen ils verront de la guerre qui ne leur coustera rien: Et par ce moyen ils se
façonneront de si bonne grace, qu'ils en seront ay-
mez & respectez de leurs parens. Ie desplore grandement la gendarmerie de France, laquelle i'ay au-
trefois veuë si belle & si bien entretenuë,&l'ordó-
nance si dextrement compassee,qu'il ne se trouuoit
rien en France tant admirable ny plus digne d'vn
Gentil-homme. Aussi estoit-elle du tout destinee
pour luy, c'estoit l'exercice du Gentil-homme,tát
du riche que du pauure , & la parade de toute la
France.I'ay veu que quand l'ordonnance de la gendarmerie de France estoit bien payee par quartiers,
le Gentil-homme s'entretenoit de sa place d'hóme
d'armes:Tellement qu'il y auoit grand' presse pour
estre enroollez en vne compagnie de gés-d'armes.
Mais maintenant elle est tellement abbatardye

&

& preſque du tout aneantie. Le Gentil-hôme s'eſt laiſſé decheoir en toute ſorte de malheur. I'eſpere qu'il reprendra cy-apres ſa premiere habitude, & lors l'on verra la Nobleſſe fleurir, & prendre vn autre chemin qu'elle ne faict maintenant. Ie deſirerois qu'elle fuſt miſe au meſme ordre que le Roy François premier l'auoit reduitte, qui ne vouloit que perſonne fuſt receu en ſes côpagnies d'ordonnances qu'il ne fuſt Gentil-homme, & cogneu des Capitaines, & qu'il n'euſt attaint pour le moins l'aage de dixhuict à vingt ans, & les Chefs vingt cinq. C'eſtoit vn bel ordre pour le Gentil-homme en ce temps là, lequel faiſoit fort peu de ſejour en ſa maiſon, & luy falloit par neceſſité auoir de bons cheuaux & bonnes armes, pour eſtre preſt de marcher pour le ſeruice du Roy. Le Roy Henry deuxieſme auſſi l'a touſiours bien entretenuë & bien payee: & par l'aduis & prudence de ſon Conneſtable Anne de Montmorency elle fut mieux accomplie en ſa perfection. Cela eſtoit fort ſuperbe & eſpouuentable aux nations eſtranges. Et à la verité quand il ſe preſentoit vn combat où la gendarmerie de France donnoit, eſtant bien conduitte, elle y faiſoit vn grand eſchec, & emportoit le plus ſouuent la victoire. Auiourd'huy le Roy commence à la vouloir redreſſer: Ie ſupplie tres-humblement ſa Maieſté, comme ſon tres-humble ſeruiteur, de vouloir côtinuer en vne ſi ſaincte œuure: & en ſe faiſant il ſe trouuera bien ſeruy de ſa Nobleſſe : Bref, il faut que ie die que c'eſt vn des ſup-

Ee

port & maintien de la Couronne de France. A bon
droict l'on doibt grandement loüer le Roy Charles septiesme qui fut le premier qui la dressa:Le Roy
Louys vnziesme son fils, institua l'Ordre de Sainct
Michel:Le Roy Charles neufiesme eut tant d'affaires,qu'il l'a rendit commune plus qu'elle n'auoit accoustumé d'estre. Il me fit cet honneur de me la
donner, laquelle ie receus des mains de Monsieur
de Montpensier : Puis le Roy Henry troisiesme
me bailla vne compagnie de gens-d'armes apres la
mort de Monsieur de la Trimoüille , duquel i'e-
stois Lieutenant. Ie ne suis hors de propos, ce me
semble, de reciter en ce lieu les honneurs que i'ay
receus de mes Maistres : mais ie suis desplaisant que
ie n'ay peu leur faire le seruice que i'ay tousiours eu
volonté de leur faire. Pour retourner à mon premier propos: Ie suis desireux que le Gentil-homme s'exerce à la guerre, & qu'il ne s'arreste point en
sa maison , affin que par là il acquiere la reputation
d'estre hardy & courageux,&qu'il ne se laisse point
ensepuelir en choses mechaniques: car cela des-ho-
nore & rend le Gentil-homme infame& de peu de
duree.

CHAPITRE VIII.

LA paresse n'est point propre, selon le naturel de l'homme: Pour cette raison le Gentil-homme d'honneur la doibt euiter: nostre ame nous en donne vn tres-apparent tesmoignage, laquelle n'est iamais en repos, & sans s'appliquer à quelques honnestes exercices , d'autant que
l'homme est tousiours enclin de soy-mesme aux
bónes œuures, & s'il est diuerty par la paresse, & par
faute d'vn bó exercice il se rendra maistre de beaucoup de mauuaises impressions : Souuent le Gentil-homme se licentie de faire de mauuaises offices
pour satis-faire à ses necessitez : d'où prouuient ceste imperfection, elle vient à faute de cognoistre la
vertu, & de l'embraffer estroictement , car le vertueux Gentil-homme, s'il se cognoist auoir faute
de biens, il est fort dilligent & chasse toute paresse
pour en acquerir , voyla comment par faute de
biens l'on en peult faire vn grand personnage digne & tenu en grand honneur. C'est en ceste
France où ceste preuue s'en est faicte, que d'vne petite maison l'on en a veu reluire & s'aggrandir par
la vertu & leur espee leur ont acquis plus de biens
& d'honneurs auec le trauail , & le temps qu'ils

y ont employé, que le plus auare en euſt ſceu
amaſſer, eſtant longuement reſident en ſa maiſon:
Quelle difference y-a-il entre ces deux? L'vn a acquis des biens & de l'honneur par ſa valleur & d'ex-
terité de corps & d'entendement, L'autre par ſa
pareſſe & laſcheté de courage, s'eſt endormy aux
affaires de ſa maiſon, n'ayant le cœur ny le ſoing
tendu à autre choſe que de ſerrer des eſcus. Et ne
faut qu'arriuer vne miſerable guerre, ou quelque
autre malheur pour luy faire perdre en vn iour
tout ce qu'il aura acquis durant ſa vie. Ou au contraire celuy qui par ſon trauail & ſa valeur a acquis
des biens ne les peut perdre. Et quand il mourra ſes
geſtes & ſes actions vertueuſes ne periront point:
mais il laiſſera ſa memoire qui demeurera immor-
relle à iamais à ſa poſterité, d'auoir acquis ce beau
tiltre, & la reputation d'vn Gentil-homme genereux. Pithagoras approuue mon dire, quand il
dict, Que les choſes difficiles & les plus penibles
nous conduiront pluſtoſt à la vertu que les effe-
minees & delicieuſes: Tout ainſi comme ſi l'on diſoit, Que l'homme par faute de cœur laiſſe paſſer
ce qui luy eſt le plus vtile & neceſſaire qui eſt la vertu, pour s'endormir en la pareſſe, & s'addonner à
choſe de nulle valeur. C'eſt la raiſon pourquoy il
faut que le Gentil-homme vertueux prefere touſiours l'hôneur au profit. Et quelque neceſſité qu'il
puiſſe auoir, qu'il ne ſe deſborde à faire choſes qui
ſoient illicites, & qui puiſſent diffamer ſon hôneur.

Il faut grâdement blasiner vn gentil-homme sorti d'vne bonne maison & bien alliee de le voir inu-
tile au pays, & consommer la meilleure partie du
iour à ioüer aux quilles & aux cartes & à faire vne
vie honteuse, delà procedent vne infinité de malheurs comme blasphemes querelles & plusieurs
autres maux : quel contentement estimez-vous
que les parens peuuent porter de ce piteux exercice: toute la race le deteste & s'en sentent honteux,
comme estant vn scandale dans vne maison que ce
gentil-homme mal complectionné exerce sans acception des gens de bien à qui il appartient, & de
la maison dont il est sorti. Alphonce Roy d'E-
spagne celuy qui institua les Cheualiers de l'ordre
de la bande, fit vne ordonnance que pas vn des
Cheualiers ne ioüast aux cartes ny aux detz à peine de perdre la frequentation de son chasteau &
de sa personne, ensemble leurs gages. Assez d'autres ne bougent de leur maison & ne seruent que
d'accompagner les querelles, font des assemblees,
& n'ont autre aduis sinon que de battre l'vn & tuer
l'autre: la valleur & l'honneur d'vn gentil-homme
ne se prisent en forgeans des querelles, mais ie
croirois plustost que cela luy amoindriroit sa reputation : l'on ne le doit point tenir pour cela plus
vaillant mais homme furieux & sans iugement
pour euiter ceste deformité, il luy est plus honorable de chercher les hazards de la guerre que de se
contenir en sa maison auec le vice, & combien
que de la premiere abordee l'on ne paruienne pas

à choses à quoy l'on aspire, il ne faut pas pour cela se
distraire de sa premiere opinion, mais il la faut
poursuiure auec telle diligence que l'on en puisse
tirer quelque fruict & s'efforcer d'attaindre à quelque honneste perfection, car ceux qui aspirent à
choses hautes & grandes, il est raisonnable qu'ils en
fassent experiéce par plusieurs sortes, & des plus ho-
nestes dequoy ils se pourront aduiser se ramenant
la memoire de tant de grands personnages qui ont
pris à grand honneur de finir leurs iours en quelque
honneste vacation, & pour y attaindre, il faut chercher les hazards de la guerre & estre tenu pour vn
hardi & vaillant gentil-homme, car le Prince n'en-
uoyera pas les biens, les hôneurs, iusques en la maison de celuy qui ne luy aura iamais fait seruice, &
qui n'a iamais parti de sa maison, il faut donc trauailler pour acquerir ceste loüange & euiter ce vice
de paresse.

*Que c'est plus d'honneur au gentil-homme quand il est of-
fencé d'en tirer sa raison auec vne honneste
satisfaction que de se vanger.*

CHAP. IX.

LE gentil-homme plein de valleur ne voudroit laisser passer chose qui touchast à
son honneur qu'il n'essayast d'en tirer sa raison par
les armes, & s'il faisoit autrement l'on le deuroit

tenir pour auoir faute de cœur, veritablemét l'honneur & la hardiesse du gentil-homme auec la honte qui en pourroit sortir, est la principale occasion
de s'en ressentir. Regardons à ceste heure lequel est
plus loüable de se vanger par les armes ou d'en tirer vne honorable satisfaction : ceste question est
digne d'estre debatuë parce que beaucoup quand
ils sont offencez ne veulét entendre à aucun accord
c'est la façon ordinaire du gentil-homme genereux que quand il est offencé en son honneur il faut
que les armes luy en facent la raison, mais aussi si sa
partie se veut ranger à luy faire vne honneste satisfaction, il s'en doit contenter & que l'on se doit
tenir pour aussi contant que si l'on en auoit tiré du
sang, la querelle aussi est bien souuent de telle importance qu'il n'y a arbitres qui les puissent accorder & sont cótraints d'en venir aux armes, le Roy en
doit prendre la cognoissance: & si l'honneur de l'vn
estoit si grandemét offécé qu'il ne s'y peust moyenner vn accord, il est tres-raisonnable, qu'ils en sortent par les armes: mais où il n'y auroit qu'vn petit
differant & l'honneur n'y estant point offencé, il se
doit accorder par la voix des honnestes gentils-hómes leurs voisins: à ceste heure pour le premier rapport que l'on fait ils sont aux armes, & pour bien
petite raison ils se tuét, ie dis pour vn ouy, ou nenny
l'on se tient pour desmenty, & iniurié, ou braué, &
puis ils disent que leur hóneur est offécé: il faudroit
vn censeur pour corriger la legereté de ses querelleux qui s'exposent à mort sans acceptió ny iugemét

I'ay allegué au commancemennt du premier trai-
té, les causes & les raisons pourquoy le Prince doit
octroyer le combat, aussi ay-ie parlé qu'il n'est pas
permis de ce vanger indifferemment des iniures, ie
croy bien que plusieurs le trouueront estrange, e-
stant d'vn hardi & valleureux courage ne voulant
laisser passer rien qui touche à leur honneur, ceste
côsideration a beaucoup de forces, mais aussi si l'on
veut regarder que le meurtre ne fut iamais agreable à Dieu, l'on trouuera qu'il y a beaucoup de bonnes raisons qui nous condamnent de ne faire aucune vangeance, parce que Dieu se l'est reseruee : c'est
la raison que ie veux dire que ceste proposition est
diuine, à quoy il faut que l'honneste gentil-homme
s'arreste, craignant de tomber en vn peril si grand
que la vehemence de son courage, & la colere trop
furieusene le fissent trebuscher en vn mal-heur si
grand que son honneur, sa reputation, sa vie, & tout
son bien & sa race n'en tombassent en deshonneur, & en vne renommee infame, & que cela lefist
mespriser & deshonorer d'vn chacun. Il n'y a homme tant soit-il de peu de iugement qui ne sçache
que le meurtre est desplaisant à Dieu & que le gentil-homme d'honneur ne le doiue fuyr s'il se veut
perpetuer vne honorable reputation ; si ce n'est
en repoussant l'iniure à nous faite ou pour le seruice
de son Prince. Socrates disoit , que ce n'estoit pas
chose iuste d'offencer quelqu'vn, encore qu'il
nous eust outragé , d'autant que l'homme de bien
ne doit iamais faire mal, & toutesfois il n'y a homme de

me de quelque condition qu'il soit qui ne soit plein
de ceste curiosité de vangeáce, c'est la raison pourquoy il faut que l'homme soit magnanime pour
corriger ceste violence & extreme passion, & la con-
uertir en douceur. Alexandre souloit dire qu'il e-
stoit plus necessaire à l'homme d'estre garni d'vn
grand cœur & magnanime pour pardonner à son
ennemy l'iniure qu'il auroit faite que de l'occire,
voulant dire quand l'homme est outré de despit &
de vangeance, & qu'il n'a pas la volonté d'executer
son mauuais dessein, mais desire de le corriger & de
temperer sa colere cela luy est plus difficile à faire
que d'entreprendre de tuer vn homme: & de fait l'a-
petit de vangeance est vne passion vehemente, qui
esblouïst le sang naturel qui est en l'homme, & qui
le cause de se transporter & se changer à faire choses irraisonnables & illicites, c'est la raison pourquoy
elle est tres-difficile à moderer aussi celuy qui faict
pardonner à celuy à qui il peut nuire est digne
d'honneur: il n'est pas bien seant de s'esmou-
uoir de la premiere parolle que l'on dit mal à propos, il faut prédre garde de n'obeir pas tousiours à
nostre courage, lequel souuent est si prompt, que si
nous ne le moderons nous serons à toute heure pas-
sionnez & sans aucune raison. Mais ie serois bien de
ceste opinion que l'iniure qui est faite par force
d'armes qu'elle se doit repousser par les armes, &
doit estre excusé celuy qui est assailli s'il tue son ennemy en se defendát: aussi quand vn meurtre est fait
de guet append, & traitrement ou vn assassinat, cela

n'est point excusable. Mais si le gentil-homme estoit le plus foible, & seul & blessé par son ennemy qui seroit le mieux accompagné, s'il s'en vange par mesme voye, il ne fera point de faute : aussi quand sa partie se met à ceste raison de luy en faire vne honnorable satisfaction aduoüant d'auoir failly & fait vn acte contre tout le deuoir d'vn gentil-homme d'hōneur, i'estime qu'il s'en doit tenir pour contant & bien satisfait : nous en auons parlé au chapitre des satisfactions. Il ne faut dōc pas s'estomacquer pour quelque chose de petite consequence, mais il faut respondre auec vne honneste façon & sans passion. Lysander vn iour estant iniurié par vn meschant homme luy dist, vomis hardiment mon amy & ne t'y espargne pas, ce faisant tu pourras vuider ton ame de mille meschancetez dont elle est pleine : voulant dire qu'il ne se sentoit point iniurié d'vn meschant homme. Ie concluray donc que le gentil-homme doit euiter la vangeance & qu'il est plus honneste de tirer sa raison d'vne iniure par vne honneste satisfaction, & selon que l'offence & l'iniure le merite.

Que la honte & deshonneur doiuent empescher le gentil-
homme de mal-faire.

CHAPITRE X.

Leobule souloit dire que la cité la plus
heureuse estoit celle où les habitans auoiét
en plus grand estime le deshonneur & la
honte que la loy : nous auons parlé cy-dessus des
vertus que le gentil-homme doit suiure, il me semble que ce sera bien à propos de dire que le gentil-
homme qui ayme la gloire & l'honneur doit fuyr
la honte & le deshoneur: Plato afferme ce dire quád
il dit, que le desir des choses vertueuses & la honte
des choses des-honnestes font viure l'homme heureusement & auec honneur : ie ne veux pas dire que
la honte doiue estre telle qu'elle rédist la personne
craintiue & timide & sans aucune honneste grace :
mais i'entens parler de celle qui empesche de
mal dire & de mal faire & qui rapporte vn deshonneur à la personne , pour estre contraire au deuoir de l'homme de bien : Socrates est d'opinion
que la honte vertueuse est bien seante à la ieunesse , aussi quand l'on dit d'vn ieune homme,
qu'il est honneste & de bonne grace , c'est proprement la honte vertueuse, & de celle dont ie
veux parler : le ieune gentil-homme ne doit estre

nourry en telle liberté que ceste licence le rendist
effronté & de mauuaise grace, car l'hôme meschant
n'a iamais de honte, & quand l'on vient à corriger
& blasmer ses vices, & qu'il n'en prend aucune correction & n'en a point de honte, se mocquant de
tout ce qu'on luy dit, c'est vn tesmoignage d'vn
tres-mauuais naturel qui est en luy & qui est du
tout adôné aux vices. C'est pourquoy les parens deuroient souuent blasmer les vices deuât eux & leur
faire cognoistre le peril & la honte qui leur peuuent
arriuer en continuant de mal-faire. Parmenides ap-
prenoit à ses disciples qu'il n'y auoit rien si espou-
uantable à l'homme magnanime que le deshonneur: les Perses faisoient si bien instruire leurs enfans qu'ils ne vouloient permettre qu'ils fissent vn
seul acte deshonneste, & faisoient mourir celuy qui
se seroit mis tout nud deuant vn autre, encore auiourd'huy la honte honneste & vertueuse a tant de
force auec les honnestes gentils-hommes que vous
ne verrez point le fils se lauer auec son pere ny passer la porte deuant luy, c'est l'honneste honte qui
les arreste & les corrige quâd ils sont trop prompts
& vehements. Ie ne suis sans propos d'auoir discou-
ru sur ceste question: car la honte vertueuse est cause le plus souuent que l'on euite les querelles &
pour la belle discretiõ qui est aux personnes l'on ne
se chatoüille pas si souuent pour ce quereller
comme font ceux qui sont esuantez & qui
n'ont aucune honte ny aduis en ce qu'ils font.

Ie ne veux pas toutesfois tãt recommander la honte au Gentil-homme, qu'il en sortist vn vice qui luy
fust reprochable. Car la honte pourroit estre telle
qu'il se laisseroit couller & fondre en des-honneur.
Certe honte ne doibt estre estimee que vicieuse.
Ceux-là ont faute de magnanimité qui laissent passer chose qui repugne à leur honneur, estans plustost accompagnez d'vne pusilanimité grande, que
de vertu. Voyla comment la honte est loüable
quand elle corrige le vice: Aussi est-elle tenuë pour
fort pernitieuse, quand il n'y a point de prudence
ny d'honneur qui la puisse corriger.

CHAPITRE XI.

LE plus souuent la crainte de desplaire aux
grands, est occasion que l'on n'ose dire la
verité de ce que l'on sçait & en oppiner.
Ainsi par vne lascheté de cœur, & pour crainte &
honte l'on n'est pas hardy à proferer ce que l'on est
tenu de faire. Cela est bien occasió qu'aucuns tom-
bét en des reproches qui leur causét vn des-hõneur:
Aussi quand l'on est appellé pour oppiner, l'on doit
tousiours tirer à ce but que d'estre tousiours veritable, & ne consentir au mal: autrement ce seroit declarer ouuertement la foiblesse de son cœur. L'hõme d'honneur & de hardy courage & d'authorité,
parlera tousiours rondement, & prononcera sans

honte, ce qui sera de droict & de raison , sans des-
guiser sa parole. Plutarque a faict vn traicté de la
Honte vitieuse, & nous enseigne vne tres-honne-
ste doctrine pour l'euiter : Il dict, Si quelqu'vn te
prie de faire quelque chose pour luy , & que tu ne
le puisse faire, asseure-le de ne le faire point, & préds
garde de ne l'abuser : & s'il te communique quelque affaire, que tu n'entende point, n'aye point de
honte de luy dire franchement que tu n'és pas bien
entendu en ceste matiere : & si tuy est bien instruict,
ne crains point de luy dire libremét ton aduis, sans
aucune dissimulation, fuy toute mensonge & n'a-
buse ton amy d'vne faulce opinion. Zenon ce grád
Philosophe rencontra vn iour vn sien amy qui se
promenoit seul, il luy demáde qu'il faisoit la : Ie suis
icy à l'escart, dit-il, parce qu'vn de mes amis me veut
employer pour faire quelque chose pour luy, que
ie ne veux faire : d'autant que c'est chose iniuste &
contre tout droict & raison. Zenon luy respond : és
tu bien si honteux & tant craintif que tu ne l'en
sçaurois refuser, puis que c'est chose qui n'est iuste
ny raisonnable : n'aye point de honte de le refuser,
puis qu'il n'a point de honte de t'en prier. Agesilaus
fut importuné de son pere, de donner vn iugemét
d'vne cause qui estoit deuant luy, & toutesfois inique : Il luy respond, Mon pere, vous m'auez appris
dés ma ieunesse d'obeyr aux loix, il est raisonnable
que ie suiue vostre premier enseignement, & que ie
me garde d'aller contre le droit & l'equité. Il ne
faut pas toutesfois se laisser tant aller & ensepuelir

en cette crainte, que cela fift oublier le foing qui
touche à la reputation. Les plus grands Capitaines
qui ont efté aduertis qu'on les vouloit tiranniser,
pour la honte qu'ils auoient, qu'on penfaft d'eux
qu'ils euffent crainte de la mort, il n'y ont voulu re-
medier. Cefar fut aduerty par plufieurs fois que
l'on auoit coniuré fa mort, mefme le iour qu'il fut
tué, toutesfois il le mefprifa: Affez d'autres pour l'a-
uoir mefprifé s'en font mal trouuez. Ie diray donc
que le Gentil-homme doit embraffer cefte honte
vertueufe qui l'empefchera qu'il ne trebuche dedás
le vice, là où eft la honte là eft la vertu, qui diuertit
les perfonnes de mal faire, & de tóber en des-honneur, & d'acquerir mauuaife reputation.

De la crainte & honte vitieufe que doibt euiter
le Gentil-homme.

CHAP. XII.

ANCIENNEMENT les Romains auoient
tant leurs loix en recommandation qu'ils
les obferuoient fort rigoureufement, &
n'auoient aucune acception du bien & du mal qui
en deuft reuffir, pourueu qu'elles fuffent obferuees.
Nous en auós vn exemple qui eft tres-digne d'eftre
remarqué. Le fils de Torcatus ayant à conduire vne
armee, & ayant l'ennemy deuant luy preft à combattre, & fe voyant la victoire en main, encore que
le Senat luy euft mandé de ne combattre point,

Toutesfois il ne laissa point pour cela de combatre & obtenir la victoire. Torcatus, pour lors Consul, fit triompher son fils en son camp, pour auoir
obtenu la victoire. Et puis luy fit trencher la teste
suiuãt l'ordonnance de la guerre, pour auoir deso-
bey à la defence qui luy auoit esté faicte. Ce fils
cõbattit seulement pour euiter la honte & le deshonneur qu'il estimoit luy pouuoir arriuer s'il ne
cõbattoit son ennemy, voyant la victoire entre ses
mains , esperant par ce moyen faire vn signalé
seruice à la Republique:& non pour vne impuden-
ce & legereté trop temeraire. Pour cela toutesfois
le pere n'abusoit aucunement de son authorité ny
de sa puissance. Mais c'estoit la loy militaire qui l'o-
bligeoit à ce faire: car la faute de son fils fut pour
n'auoir pas obey aux commandemens du Senat.
Les Capitaines Epaminondes & Pelopides furent
condamnez à la mort pour mesme occasion , cognoissant l'aduantage qu'ils auoient sur l'ennemy,
& que la Republique estoit perduë s'ilsne donnoiét
la bataille, dont ils obtindrent vne signalee victoire: Et par ce moyen conseruerent tout l'Estat des
Thebins:encore que le peuple leur donnast grace,
ils furent toutesfois condamnez, le profit, l'vtilité
& l'honneur de la patrie en fut la principale occasion. Il y en a qui font bien plus mal, & ne se remet-
tent point deuant les yeux la honte qu'ils deuroiét
auoir, quand ils entreprennent de tuer & assassiner
à prix d'argent: la honte & le des-honneur les deuroient empescher de faire vn si vilain acte. Voyla
pourquoy

pourquoy les peres deuroient estre bien desireux
de ne permettre à leurs enfans choses vicieuses: Car
quand ils sont paruenus en leurs forces, il n'est plus
temps de leur representer aucune honte tant ils
sont desbordez en leurs actions, & sont si peruers
que les peres & tous les parens en reçoiuent beaucoup d'ennuis: & en pensans receuoir du plaisir &
du contentement en leur vieillesse, l'on leur vient
rapporter qu'ils ont esté tuez en vn combat particulier, en debattant vne bien petite & legere querelle, ou pour leurs amis, se sont exposez sans aucune querelle. La honte vertueuse c'est proprement
auoir crainte de mal-faire & de tomber en des-honneur & reproche de sa renommee: C'est celle que
doit embrasser l'honneste & vertueux Gétil-homme, par ce moyen il euitera les querelles, & par son
gracieux maintien il sera receu & bien voulu en
toute bonne compagnie, aymé & bien respecté
d'vn chacun.

---

*Que le Gentil-homme se doibt garder de trop parler,
parce que de là prouient la multiplicationdes querelles,
mesmement quand l'on parle mal à propos.*

CHAP. XIII.

C'EST vn vice bien grand au Gentil-hôme
de trop parler: Aussi est-ce vne belle vertu
que de bien dire & parler bien à propos.
Celuy qui sçaura bien compasser son langage, &

parler auec discretion:C'est vn grand don de Nature qui est en luy, de ne parler point aduantageuse-
ment, ny auec vne trop grande licence, laissant aller les paroles à l'aduenture & sans iugement: Ceux
qui se plaisent à parler mal,& de mesdire d'vn chacun,sont grandement à mespriser. Par là l'on des-
couure en eux, qu'il y a faute de bon entendement:
De là il sort vne grande abõdance de querelle,pour
auoir offencé quelqu'vn de parole, il faut changer
son langage , & en faire des escuses lourdes. C'est la
raison que le Gétil-homme doibt bien penser à ce
qu'il dit,& regarder deuant que d'ouurir la bouche
ce qui est bon à dire ou à celer.Il ne faut pas toutesfois mespriser celuy qui parle trop souuent, pourueu que son langage soit bõ & digne d'estre escou-
té d'vn chacun.Il y en a qui sont si esloquens , que
ce qu'ils ont veu & ouy dire le sçauent racõter auec
vne telle grauité & vn si beau langage, que toute la
compagnie y peut beaucoup profiter. Aussi il est
bien requis en discourant de se garder de n'entre-
mesler point de paroles qui soient dissoluës & des-
honnestes, & de ne mesdire de personne. Autrement il acquerroit la reputation d'vn mesdisant &
d'vn grand causeur. Comme vn iour estant en vne
assemblee d'hõnestes Gentils-hõmes qui parloiét
d'affaires de consequence , vn entre autres se voulant mesler de persuader toute la compagnie, & les
faire venir à ses persuasions, il s'y affectionna tellement qu'il n'estoit loisible à vn seul de la cõpagnie
de parler.L'vn de cette compagnie luy dict, Vostre

langage eft beau , & vos perfuafions font belles,
mais il n'y a point de fonds ny de raifon : partant ie
fuis d'opinion que ne fuiuions point toutes ces belles remonftrances que vous nous dites : Ce dire ref-
femble à celuy de Lycofthene, qui f'efforçoit de per
fuader aux Atheniens la guerre, auec vne harangue
braue & audacieufe : Mais Phocion luy refpondit
que ces propos reffembloient au Cyprés, qui eft vn
arbre beau & grand, mais il ne porte fruict qui vail-
le. Bias fouloit dire que la langue eft la pire & la
meilleure partie qui foit en l'homme : Car fi l'on la
fçait bien conduire, elle fert d'admonefter & in-
ftruire les autres. Auffi fi elle eft mauuaife, elle ne
fert du tout que de le ruyner. Ifocrates difoit qu'il y
auoit deux moyens de parler à l'homme : l'vn quãd
la neceffité le commãde : l'autre de parler de ce que
l'on fçait : Car celuy qui parle fouuent , quand fes
propos font fentencieux , & qu'il parle de chofes
hautes, il ne fçauroit trop parler, parce que de luy
on apprend beaucoup d'honneur. Alexandre le
Grand donna de l'argent à Cherille , qui eftoit vn
Poëte fort ignorant, affin qu'il ne fe meflaft plus
defcrire ny de parler. Le filence en téps & lieu, & le
difcours à propos, fõt chofes qui font grandement
loüables. & croy certainement que ceux qui fçauét
bien parler auec raifon, & difcrettement fe fçauent
taire quand il en eft temps. I'en fçay qui n'ont pas
ce don de nature , parce que leurs affections les
tranfportent ordinairement qui eft la caufe qu'ils

ne se peuuent commander. Tout homme passionné n'a iamais de bonnes raisons, d'autât que la bouche parle de l'abondance du cœur. qui descbuure
mieux nos pensees & les mœurs dont nous sommes composez, que ne faict pas les traicts de nostre visage: Alciat a faict vn Emblesme d'vn homme qui a le doigt dans la bouche : voulant signifier
qu'il faut necessairemét qu'il soit sobre en son parler. Aussi les paroles qui ont esté celees, ont plus
profité que celles qui ont esté dites & diuulguees.
Les Histoires nous donnent beaucoup d'exemples
de ceux qui se sont repentis pour auoir trop parlé.
Sylla print la ville d'Athenes, pour auoir esté aduerty là où estoit le plus foible endroit de la ville, par
vn espion qui l'auoit entendu dire à ceux de la ville
mesme. Voila pourquoy c'est vne tres-grande sagesse de pouuoir celer ce qui ne se doibt pas dire.
Plutarque approuue ce dire, Et dict que les Rois &
ceux qui sont noblement nourris, doyuent premierement apprendre à se taire, puis apres à parler.
C'est vne grande vertu que de bien celer vn secret.
Quád Antigonus fut interrogé par son fils, à quelle heure deuoit desloger le camp: Il luy respond,
Tu le sçauras quand les trompettes sonneront.
Par là il donnoit à entendre à son fils, qu'il ne falloit pas donner cest aduertissement à vn chacun:
Encores qu'il fust son fils, & qu'il falloit qu'il
apprint à estre fort secret en telles affaires. Ce-
cilius Metellus, fut aussi interrogé par l'vn de

ses Capitaines , ce qu'il deliberoit de faire le lendemain , il luy respond, s'il pensoit que sa chemise qui estoit la plus proche de son cœur peust re-
ueler son secret qu'il la despoüilleroit & la feroit
brusler incontinant. Ie regrette grandement la legereté de beaucoup de la noblesse , lesquels pour
l'indiscretion de leurs langages sont souuent en
querelles, sans regarder le poids & le merite qui en
peut succeder, l'honneste façon de parler donc est
bien à priser, la grace, la contenance, le maintien les
gestes, toutes ces belles circonstaces sont dignes de
l'honneste gentil-homme par ces beaux traits l'on
recognoist reluire en l'homme : quelque chose de
magnanime que l'on remarque en luy, qui est a-
greable à vn chacun : ie suis d'opinion que de parler mal à propos c'est le subiect de l'abondance, &
la multiplication des querelles : il y a autant à reprendre sur celuy qui escrit mal à propos comme
sur celuy qui parle sans consideration, c'est dequoy
nous parlerons au Chapitre suiuant.

Gg iij

Que le gentil-homme qui escript mal à propos, est grande-
ment à blasmer parce que de là il en prouient
beaucoup de querelles.

CHAPITRE XIIII.

L se trouue plusieurs qui ont esté reprins & chastiez pour auoir escrit ce qui
ce deuoit celler, la lettre escritte de nostre main n'est autre chose sinon que le
message & l'interpretation de ce que nous voulons faire, ou bien c'est faire entendre la verité en
nostre absence de ce que nous voudrions dire quád
nous serions presens: voila pourquoy quand l'homme escrit, ses lettres doiuent estre pleines de sages-
ses & de bon aduis, comme si nous le disions nous-
mesmes: c'est vn don de grace que de sçauoir bien
mettre par escrit, & qu'vn chacun deuroit estudier
de faire : les longues lettres ne sont la plus part
que redites : la briefueté, & le beau stille est le plus
excellent, les anciens Romains y estoient coustu-
miers. Pompee rescriuant au Senat leur manda en
ces termes, Peres, Damas est prins, la Palestine vain-
cue, Pentapoly subiuguee, la Syrie, Arabye, &
Esclauonie nous demeurét pour alliées & bonnes a-
mies Plato escriuát à Denis le Tyran luy manda en
six mots la meschanceté dont il estoit plain afin

qu'il se corrigast : Tu es parricide pour auoir
tué ton frere , tu tourmente ton peuple , tu
luy impose des subsides intolerables , tu te
sers des meschans : tu hays les gens de bien , tu
perds tous tes amis , toutes ces choses sont office de tyran, prens garde à toy & corrige tes mœurs.
C'estoit la façon d'escrire qu'auoient accoustumé
les anciens, toutesfois vne trop grande briefueté
d'escrire ne peut estre faite qu'auec vn beau stylle,
il y est requis vne certaine eloquence & de beaux
termes la lettre en seroit beaucoup plus plaisante,
& se bien garder qu'en escriuant il n'offence
personne & qu'il n'y fust rien mis dont apres il en
fust reprins : en voulant enseigner le gentil-homme de se corriger de trop parler pour euiter les
querelles , ie l'ay bien voullu aduertir de prendre garde aux missiues qu'il escrira , afin que ces
lettres ne le fissent trebuscher en quelque lourde
faute, dont apres il fust contraint de s'en repentir.
Marc-Antoine fit mourir Ciceron pour auoir escrit contre luy beaucoup de maux & inuectiues,
il luy feit trancher la teste & les deux mains, parce
qu'il auoit escript les Philipicques, qui encore auiourd'huy sont en perfection : Saluste qui estoit
vn grand orateur auoit ceste imperfection d'escrire bien & mal contre vn chacun : pour ceste
raison il luy fut defendu de ne plus escrire, estant
chose fort vitieuse à vn autheur d'inuectiuer contre vn chacun selõ que ses propres passiõs luy dictét

Voila comment on doit bien regarder quand on
escrit des missiues qu'on n'y mette choses qui offen-
cét personne:car encores qu'on ait parlé mal à propos il y a moyen de rabiller nostre langage , là où
la lettre escrite & signee de nostre main,c'est vn tesmoignage de la verité de laquelle nous ne nous
pouuons desdire.

Que l'ingratitude est vn vice que le gentil-homme gene-
reux doit euiter,parce que celuy qui est ingrat
se procure beaucoup d'ennemis.

CHAP. XV.

LE dire de Sophocles est grandement à
noter, quand il dit, qu'il faut que l'homme ait memoire & se ressouuienne de ce-
luy duquel il a receu plaisir,parce que selon son iugement l'homme ingrat ne peut estre estimé iuste
ny genereux, bien souuent l'on se remet en sa memoire le mal & le desplaisir que l'on reçoit, mais le
bien & le plaisir l'on l'oublie soudainement:cela est
du tout indigne du gentil-homme d'honneur &de
vertu,l'homme ingrat ne sera iamais aymé ny estimé de personne , & sera tenu pour vn effronté &
impudent,qui n'a aucune cognoissance du bien &
de l'honneur qu'il a receu de son amy, celuy qui est
taché de ce vice doit estre rcietté de la frequentation des honnestes hommes, comme celuy qui n'a
point

point de foing de recognoiftre fes amis ny ceux
aufquels il y a de l'obligation : parce qu'il y en
a qui ont le naturel fi mauuais qu'apres auoir receu de l'honneur & beaucoup de plaifir de leurs
amis, font tant temeraires, oubliant tout l'honneur & l'office de l'honnefte gentil-homme qu'ils
fe font effayez de leurnuire en tout ce qu'ils ont peu
tant leur naturel eft peruers & leur courage mef-
chant : eft-ce pas l'office d'vn barbare de faire de
tels actes:mefmemét le gentil-homme qui deuroit
eftre accompli de vertu & d'honneur : la neceffité
quelquesfois contrainct la plus part des hommes
de rechercher faueur,ayde & fupport de fon amy,
& l'ayant receu le faut-il oublier iufques à luy faire des offices mauuais : auiourd'huy toutesfois le
gentil-homme en eft couftumier, & quand l'on le
veut corriger de cefte faute, il a fes raifons toutes
preftes dequoy il fait parade & veut qu'on les tienne pour legitimes:mais fi quelqu'vn luy a fait defplaifir il s'en veut vanger, le bien fait eft incontinant mis fous les pieds, tant il eft ingrat. Il eft bien
certain que c'eft fe procurer, beaucoup d'ennemis
& parce moyen fe trouuer abandonné d'amis. Au
contraire celuy qui n'eft point ingrat, & qu'il recognoift le bien & le plaifir qu'il reçoit fes amis, il eft
affeuré d'auoir fon efprit en repos,&bien eftimé de
tous, de maniere qu'il fe peut affeurer d'eftre bien
fecouru en fes affaires : il ne faut pas pour le moindre defplaifir que l'on nous fait, oublier le plaifir
que noftre amy nous a fait,ce faifant le fils fe plain-

H h

droit de son pere, le frere de son frere, l'amy de son amy, le seruiteur de son maistre, les grands mesmes se ressentét de ce vice d'ingratitude. Draco en toutes cés loix qu'il ordonna aux Atheniens en fit vne contre les ingrats, par laquelle il estoit, dit que s'il se trouuoit quelqu'vn ayant receu de son amy vn plaisir, & qu'il fust prouué qu'il en estoit ingrat, qu'il fust mis à mort: l'ingratitude a esté en telle haine aux gens de vertu qu'Alexandre le grand qui estoit extremement liberal ne faisoit iamais de present à vn ingrat: & Cesar qui pardonnoit volontiers les iniures, ne donnoit point la grace à celuy qui estoit ingrat. Ce vice est si detestable qu'il engendre des querelles: les anciés ont eu ce vice odieux qu'ils se battoient à qui feroit de plus honorables offices à leurs compagnons & à leurs ennemis mesmes, i'en parleray d'vn qui est digne d'estre allegué sur tous les autres pour estre vn acte tres-magnanime & bien memorable: Cicercius qui auoit esté Secretaire de Scipion le grand, ce voyant emporter l'estat de Preture par dessus le fils de Scipion par la commune voix de tout le peuple & du Senat, recognoissant l'honneur qu'il auoit eu de son pere, il n'en voulut estre ingrat, se desista de sa poursuitte & sollicita pour Scipion & luy fit auoir cest estat, par là il acquit le renon de tres-vertueux, pour auoir voulu seruir le fils de celuy a qui il estoit obligé & ne s'estre point monstré ingrat du bien & de l'honneur qu'il auoit receu de son pere: acte certes fort

genereux & qui doit estre recommandé entre tous
ceux qui se voudront porter ingrats à l'endroit de
leurs amis.

Que le Gentil-homme ne doibt point reprocher à son amy
le plaisir qu'il luy aura faict.

CHAP. XVI.

LE Gentil-homme genereux encore qu'il cogneust qu'on fust ingrat du plaisir qu'il auroit faict à son amy, si ne doit-il laisser de faire plaisir à ceux qui le voudront employer, & se doibt bien garder d'vser d'aucunes reproches : d'autant qu'vn plaisir reproché ne peut iamais auoir bonne grace, & est à demy vendu. Il y en a toutesfois qui sont de si peruerse nature & tant ingrats que l'on ne se peut commander que l'on vse de quelque façon de reproche, ce qui se doit dire, vne commemoration du bien faict que l'on a faict à son amy, qui en est ingrat. A ceux-là, il leur faut faire resouuenir le plaisir que l'on leur à faict, non pas pour leur reprocher : mais pour leur faire honte & vitupere de l'ingratitude dont ils sont pleins. L'homme ingrat n'est autre chose, sinon que celuy qui tasche à tirer d'vn chacun

tout le profit & la commodité qu'il peut & n'ayme personne, ne voulant recognoistre le bien & le
plaisir qu'il a receu de son amy : y a-il vne plus
grande ingratitude que celle de Phocas, lequel du
viuant de l'Empereur Maurice, n'estoit qu'vn cente-
nier, estant possedé de ce vice fit mourir son maistre, sa femme & ses enfans & se fit empereur, ou-
bliät tout l'honneste deuoir qu'estoit tenu faire vn
loyal seruiteur à l'endroit de son maistre, & ingrat
du bien & de l'honneur qu'il en auoit receu, le de-
posseda de son empire pour s'en emparer : voila
vn traistre & vn tres-ingrat seruiteur. Les republiques ont esté grandement blasmees pour s'estre
portees ingrattes enuers ceux qui auoiét affectionné le bien de leur patrie. Ciceron ce grand orateur
qui auoit fait du seruice à la republique, & empesché la coniuration que Catilina auoit conspiré côn-
tre le Senat, fut toutesfois exillé de Rome pour les
enuies que l'on luy portoit, & depuis rappellé
pour le regret que le peuple auoit de son exil. Solon ce grand legislateur d'Athenes en fut chassé
sans iamais y pouuoir retourner: Publius Lentulus
qui auoit vertueusement defendu la republique
fut banny de Rome, & à son depart pria les Dieux
de le fauoriser tant qu'il ne peut iamais retourner
auec vn peuple si ingrat. C'est assez parlé de l'ingratitude, & prouué le mal que peut rapporter
ce vice. afin que l'honneste gentil-homme mette
peine de l'euiter, ce faisant il se trouuera estre en

repos, & son esprit plein d'aise & de contentement:
Parce moyen il acquerra beaucoup d'amis, au contraire s'il est ingrat il se procurera beaucoup d'ennemis.

Que la l pauureté du Gentil-homme ne doit estre occasion
qu'il soit mal-complectionné, afin qu'il ne
tombe en des-honneur.

CHAPITRE XVII.

IE sçay bien que plusieurs tiennent la pauureté estre vn mal fort difficile à suppor-
ter, & qu'il n'y a maladie si griefue que là
pauureté: Ie suis bien de cette opinion, que le plus
cruel ennemy que peut auoir le Gentil-homme,
c'est de ce voir pauure, & que ceste necessité fait desirer les biens de plusieurs, tant y en a qui ont leur
esprit insatiable. Mais quand ceste maladie seroit
bien recogneuë & prinse auec vne bonne raison:
ie trouue qu'elle est facile à entretenir. Et que pour
ceste occasion le Gentil-homme ne se doibt point
former vn subiect de mal-faire, ny de faire actes
qui ne soient du deuoir de l'homme de bien, & se
rendre mal-complectionné: Car autrement il se
feroit mal renommer, & acquerroit vne tres mauuaise reputation. Plusieurs se licentient de faire de
mauuais offices, mais apres ils tombent en de tres-
dangereux accidens, & le tout prouient par faute
d'embrasser la vertu, qui empesche ordinairement

le Gentil-homme de tresbucher, & luy sert d'vne
bride pour le retenir quand il voudra faire quelque
mauuais acte & indigne de sa profession. Aussi s'il
ne veut contempler ceste belle vertu, & se contenter des moyens que Dieu luy a donnés. Il trouuera
assez de matiere & de subject pour se desbaucher,
& de faire choses illicites & contre tout deuoir
d'honneste Gentil-homme, tant il a le cœur hautain & desreiglé. Il y en a beaucoup qui ne se sou-
cient pas comme ils doiuent auoir des biens, & sans
prendre garde à leur honneur, ils s'y gouuernent
comme il leur plaist, pourueu qu'ils en ayent. Il me
semble que quand le Gentil-homme se voudra mesurer selon ses moyens, qu'il pourra honnestement
viure, moyennant qu'il ne se mette point à vne excessiue despence: & que l'on puisse dire de luy, que
c'est vn homme de bien & d'honneur, & qu'il vit en
vne honneste reputation. Il y a tant de contente-
mensà vn petit menage, que plusieurs l'ont desiré,
pour n'auoir point l'esprit agité de tant de troubles
qu'ont le plus souuent les riches. Le Gentil-homme
qui n'a pas beaucoup de moyens, se peut exempter
de procés s'il veut, & les doibt euiter tant qu'il luy
sera possible, & aussi vne grande superfluité de despence & d'habillemens: Cela est-il pas plus honorable, & approchant de plus pres la vertu, que de
chercher des commoditez plus viles, qui ne pourroient à la fin seruir qu'à des-honorer & perdre vne
pauure maison ? C'est chose qui a esté tousiours
pratiqué entre les Gentils-hommes qui ont peu de

biens, que de mettre leurs enfans aux ſeruices des
Princes & grands ſeigneurs, comme i'ay dict cy-
deſſus. Cet vſage ne ſe doibt point perdre, & luy
conſeilleray touſiours de ne ſe deſdaigner de ſeruir,& ne regarder point tant à ſa Nobleſſe, mais
ſeulement à la neceſſité de ſa maiſon,en y apportāt
des commoditez par ſon trauail. Auſſi les biens qui
ſ'acquièrent par vne bóne conduite, les ſucceſſeurs
les poſſedent plus long temps,la maiſon en proſpere d'auantage,& meſme la lignee en eſt plus à eſtimer: car ayant des biens mal-acquis,iamais la maiſon n'en proſpere. Nous auons des exemples infi-
nies de ceux qui ſe ſont contentez de peu, & qui
ont plꝰ eſtimé la pauureté que les richeſſes : Arche-
laus auoit couſtume de dire, Que combien que la
pauureté de ſoy ſoit ſemble eſtre faſcheuſe & dure
à ſupporter: ſi eſt-ce toutes-fois vne vraye eſchole
de toute vertu, & produict les belles & vertueuſes
lignees. Euripides diſoit que les riches eſtoient
pleins de vices, & les pauures remplis de ſageſſe,
parce que la pauureté réd l'homme beaucoup plus
prompt & ſon eſprit plus agile:Et les hommes plus
grands & excellentsà tout ce qui eſt propre & neceſſaire à la vie des humains. Auſſi diſoit vn Philoſophe,qu'il ne falloit point fuir la pauureté, mais
trop bien l'iniuſtice:car l'homme pauure quand il
eſt iuſte,il eſt plein de vertu. Au contraire ſ'il eſt
plein d'iniuſtice, c'eſt vn monſtre remply de meſ-
chanceté. Voila pourquoy il eſt plus neceſſaire de
viure auec peu de biens en repos & patience, que

d'en auoir beaucoup, & entrer en continuel tour-
ment & fafcherie. Epamynondas & Lycurgus ne
furent pas eftimez pour leur richeffe : mais ils furét
honorez pour eftre pauures, & auoir profité grandement à leur patrie:Pour prouuer que la pauureté en d'aucuns a efté fort loüable, ie rameneray vne
refponce que fit Diogenes à Alexandre,eftant vifi-
té par luy: Et apres beaucoup de propos, il luy dict,
Diogenes, demande moy ce que tu voudras , & ie
te le donneray: Parce que ie fçay que tu es pauure.
A quoy il refpondit, Alexandre, lequel penfe-tu
dé nous deux qui foit le plus pauure, ou moy qui
me contente de ce que les Dieux m'ont donné, qui
eft peu de chofe: ou toy,combien que tu fois Roy
de Mocedoine,&non côtent de cela,tu veux eften-
dre ta dominatiõ iufques aux côfins de tout le mõ-
de , tant ton ambition & conuoitife de regner eft
grande. Lors ce grand Monarque par admiration,
dict, Si ie n'eftois Alexandre,ie voudrois eftre Diogenes. Auffi quand vn amy veut fouhaitter quelque chofe de bon & excellent à fon amy, il ne luy
doibt defirer tant de richeffes,mais feulement qu'il
foit bien fain , & fe maintienne en tout honneur,
& auffi qu'il préne garde de ne choir point en trop
grande neceffité:D'autant que celuy qui eft orné de
belles perfections eft affez riche, & ne luy faut rien
fouhaitter d'auantage, parce que la fageffe & la iuftice le feront tellemét profperer,que quelque pauureté qui foit en luy, néantmoins il n'aura iamais
faute de biens. Ariftide Gouuerneur des Atheniés,
difoit

disoit ordinairement qu'il n'y auoit que ceux qui
estoient pauures mal-gré eux, qui deussent auoir
honte de l'estre, & qu'il estoit plus loüable & grandement à priser de porter vertueusemēt & magna-
nimement la pauureté, que de sçauoir bien vser des
richesses. Aussi la pauureté ne doibt iamais estre
accompagnée d'vne honte, sinon en ceux qui ont
euz beaucoup de biens en main, & ne les ont sçeu
bien gouuerner: De maniere qu'ils en sont tombez
en necessité. I'en sçay qui apres auoir faict les grāds,
& beaucoup despendu, ils sont morts pauures &
beaucoup endebtez : ayans dissipé tout leur bien,
En ceux-là, la pauureté ne peut estre loüable : mais
en celuy qui est bien preuoyant, doit estre estimé
vertueux : comme celuy qui rend preuue de sa sagesse, lequel ne se veut ensepuelir en choses villes
& honteuses, & qui pense pouuoir amoindrir vne
seule marque de son hōnneur, tant il a le cœur plein
de courage, & son esprit remply de choses grādes.
Voyla pourquoy i'ay esté desireux d'instruire le
Gentil-homme, de peur que la pauureté ne luy dō-
ne occasion qu'il soit mal conditionné, & qu'il viue
selon sa qualité, & ne face point vne si grande despence qui excede son reuenu: & que puis apres venant à faire autrement, il ne fust contrainct de faire
du mal, & par ce moyen acquerir vne mauuaise reputation. Nous en parlerons encore plus amplement au chapitre suyuant.

Ii

Que le Gentil - homme ne doibt mettre son cœur aux
richesses, si ce n'estoit pour s'en seruir, & suiure
la vertu selon sa qualité.

CHAP. XVII.

LES Anciens & tous ceux qui ont acquis la
reputation d'estre magnanimes, ont eu la
vertu en telle estime, qu'ils n'ont iamais
permis qu'elle ayt esté souïllee d'aucun vice, ny
d'vne tache qui la peust amoindrir. Les grands personnages qui par la vertu ont acquis le nom de vertueux, à cette occasiõ ils ont fuy tãt qu'il leur a esté
possible ce vice. Ayant ce subiet en main, i'ay esté
fort desireux d'instruire le Gentil-homme en toute honneste condition & façon de bien viure, afin
que cela le rendist parfaict & bien instruict, & qu'il
peust estre loüé d'vn chacun : tant de ceux qui sont
amateurs de la vertu , que de ceux qui ont ceste
loüable perfectiõ de l'auoir acquise. Ie ne suis fõdé
sur les richesses que souuent le Gentil-homme se
propose d'acquerir, & s'estime miserable quand il
se trouue auoir faute de biens, ne voulant faire parade que des richesses, oubliãt le plus souuét ce qui
despend de l'honneur & du deuoir du vertueux
Gentil-homme. En fin l'on voudroit amoindrir
l'honneur, la vertu , & la reputation d'vn Gentil-
homme, s'il n'est accompagné des richesses. C'est
chose qui se pratique assez auiourd'huy : & auec dis-

ficulté l'on met les hommes de vertu à prix, tant les
biens aueuglent les perfonnes. Socrates faict vne
comparaifon, comme le cheual ne peut feruir fans
bride, auffi le riche ne fe peut conduire fans la raifon: Parce que les richeffes apportét orgueil à ceux
qui les poffedent, & vne extreme enuie à les amaffer. Et toute auarice à les fçauoir garder,& auec vne
grande licence & defbordement à les defpendre.
Diogenes eftoit auffi de cefte opinion, que la vertu
ne pouuoit habiter en vne ville ny en vne maifon
riche. A cefte raifon, l'on n'a en grande reuerence
& honneur les riches & les richeffes d'vne Repu-
blique.Il eftime que la vertu & les gens de bien &
d'honneur en feront moins prifez. Auffi l'on con-
ferue mieux les Republiques par la vertu & par
ceux qui font fages & beaucoup eftimez, l'on exe-
cute de plus grands faicts. Ie ne veux toutesfois ex-
clure des biens le Gentil-homme, & le rendre pauure & miferable:mais ie defire qu'il en ait, afin qu'il
fe puiffe conduire & viure felon fa qualité : & la
maifon d'où il eft : Qui me faict conclure & dire,
que les richeffes aydent beaucoup à la vertu : Mais
il y a moyen s'en fçauóir ayder, comme ie l'ay
cy-deffus declaré. Le Gentil-homme donc, genereux & de braue courage, ce luy eft vne paffion in-
fupportable,de fe voir que par faute de biés il n'ait
le moyen de fe pouuoir aduancer & s'agrádir felon
fon defir.Auffi il a la vertu en telle recómandation
qu'il ne veut aliener ny engager fa confcience
pour amaffer des moyens vitieux. Voila vn

cõbat extreme & de grand poids dans le cœur de ce Gétil-homme genereux, qui ballance la vertu & le vice, pour s'acquerir de l'honneur & de la reputation. Ie diray donc que si le Gentil-homme se procure des biens & des richesses, pour les sçauoir bien dispenser, & s'en ayder où son honneur luy commande. Cela ne luy doibt point estre reputé pour vice: Mais si c'estoit pour les amasser pour son particulier & pour vne auarice grande & desbordee, cela luy doibt tourner à vn grand mespris & deshonneur: Aussi quand ie parle que les richesses aydent à la vertu, i'entends qu'il faut moderer ceste cupidité, & n'estre trop actif à les desirer, sinó pour en bien vser: Car celuy qui ne met des bornes à son auarice & à ses concupiscences, est tousiours pauure, souffreteux & indigent. Platon sur ce propos dict que la vie longue de soy n'est pas ioyeuse, mais le soing que nous auons d'amasser des richesses mediocrement, cela nous faict viure plus long temps & auec beaucoup de contentement: car l'excessiue cupidité ronge & mange les cœurs de ceux qui en sont par trop desireux. Mais là où est la mediocrité. Cela embellit nostre vie, & la renommee de ceux qui les acquierent, parce que par la vertu l'on les acquiert, qui reuient à l'honneur de leur maison, & au profit & vtilité de leurs enfans. Il y a assez de maisons de Gentils-hommes en ce Royaume, qui se sont aduancez par la vertu, & ont acquis des biens mediocrement, d'autres qui ont esté si insatiables qu'ils n'ont sçeu mettre bornes à leurs

curiositez & vont tous les iours en declinant: aussi
tous ceux qui ont bien couru leur fortune & ont
aspiré à la vertu, ont esté modestes en leurs cupiditez & se sont gouuernez selon le temps qui s'est presenté sans aspirer rien plus que la raison, craignant
de trop embrasser. Ie pourrois alleguer la maison
du marquis de Marignan en la Duché de Milan
braue gentil-homme & bon soldat, auquel l'Empereur Charlesquint donna la ville de Marignan
pour l'esperance qu'il auoit d'en tirer de bons seruices, parauant l'on l'appelloit Medeqni, il a esté tenu pour vn vaillant Capitaine & bien renommé
& a gagné des batailles pour le seruice de son maistre, son frere fut Cardinal & despuis Pape: voila vn
bel exemple pour ceux qui sçauent conduire leur
fortune auec vne mediocre raison: c'est vn discours
que i'ay ouy dire & raconter à ceux qui sont de sa
nation: ie pense n'auoir point esté hors de propos
de le raconter en ce lieu. Pour retourner à mon
premier propos il ne faut faire doute que la faute de
biens esloigne le vaillant gentil-homme de sa bonne fortune, & l'empesche de pouuoir aspirer à
choses grandes, mais aussi quand il se voudra es-
uertuer de faire choses honorables, il ne faut pas aussi qu'il face doute que ses actes vertueux ne le facent paruenir & monter à de grands honneurs, les
anciens & vertueux personnages auoient les richesses en si peu d'estime, qu'ils les desdaignoiet du tout
& n'auoient autre soin que d'acquerir de l'honneur
& vne bonne renommée: il est escrit de Marcus

Curio côsul Romain, lequel auoit obtenu plusieurs
belles victoires pour le bié de la republique Romai-
ne, & des triomphes & honneurs qu'il obtint de
la patrie, toutesfois preferant l'honneur aux richesses, il n'auoit qu'vne petite mestayrie fort mal ba-
stie où il se tenoit & pour les biens il ne laissoit d'e-
stre grandement estimé, estimant que ce luy estoit
plus de gloire de commander à ceux qui auoient
beaucoup de biens que d'en auoir. Alexandre apres
la victoire qu'il obtint contre Darius , print tous
ses biens: il en voulust departir à Zenocrates qui les
refusa : aussi Platon quand il parle de la republique
& comme il veut qu'elle soit conduitte, il dit, qu'il
ne veut point que les Princes gouuerneurs, gendarmes & soldats ayent aucun maniment d'argét: mais
il est necessaire qu'ils soient entretenus du commun, pour mieux fortifier ce que ie viens de desduire, ie ne seray hors de propos dereciter en ce lieu
ce que i'ay ouy dire à monsieur le Mareschal de
Montluc au siege de Thionuille parlant à monsieur
de Güyse, au commancement de sa ieunesse son pere luy auoit laissé sa maison toute endebtee, depuis
il est mort riche de biens & d'hôneur, & a laissé vne
tres-gráde memoire de luy, & tenu pourvn desplus
grands capitaines de France, voila comme ce grád
capitaine auoit acquis des biens & de l'honneur par
sa vertu, à c'est exemple que le desir des biens face
le gentil-homme si bien & si dextrement chercher
sa fortune, que cela le rende magnanime & bien e-
stimé. I'ay mis ce chapitre au nombre des autres,

parce qu'il m'a semblé estre propre pour bien instruire le gentil-homme pour euiter les querelles,
i'ay pensé qu'il estoit expedient de l'enseigner à ne
mettre point tant son cœur aux richesses, que cela
fust l'occasion qu'il ne recherchast de poinct en
poinct tout ce qui depend de son honneur:les biés
& les richesses sont transitoires & s'esuanoüissent
incontinent:mais l'honneur & la vertu demeurét e-
ternellement & la posterité s'en ressent,qui rend
pour long temps vne maison fameuse & illustre.

CHAPITRE XIX.

Ous auons dit au chapitre precedent que
le gentil-homme ne doit point mettre son
cœur aux richesses, si ce n'est pour s'en seruir auec l'honneur & selon sa qualité:il faut à ceste
heure l'instruire à fuyr la prodigalité, & quand il
aura amassé des biés, il ne les despéde pas en si grande licence qu'il en demeurast pauure sur la fin de
ses iours,& ses enfans apres luy,car plusieurs en ont
amassez que leurs enfans ont dependu fort hon-
teusement & sans discretion, la desbauche, la per-
fluite de viure, les banquets,les dons,les presens su-
perflus,la sumptuosité d'habillemés,le ieu,&toutes
lesinsoléces se sot effets d'vn prodigue qui excede la

& les moyens du gentil-homme s'il ne les regle, &
s'il les veut continuer qu'il soit tout certain qu'en
peu d'annees il verra la consommation de tout son
bien, & apres qu'il sera tout dissipé s'il en veut faire
le bon mesnager & regler sa despéce, ie crains qu'il
ne sera pas le temps, & qu'il faudra qu'il demeure
pauure & regrette sa miserable vie. Ie rameneray en
ce lieu des exemples de ceux qui ont dissipé tout
leur bien & sont demeurez pauures, & d'autres à
qui il a fallu donner des curateurs pour la mauuaise vie qu'ils exerçoient en leurs mesnages, à ceux-là
la loy les comparage aux furieux & à ceux qui sont
insensez, ausquels il faut interdire le maniemét de
leurs biés. Le fils de Fabius Maximus fut priué des
biens de son pere , parce qu'il despendoit tout ce
que son pere luy auoit laissé, en banquets & luxure,
parce que ceste race des Fabiens estoit vne race noble & bien renommee, les parens estoient mar-
ris de la voir deschoir de sa splendeur & dignité: Solon ordonna par vne loy que ceux qui seroient re-
cogneus prodigues & qui auroient dissipé tout leur
bien, l'on les tiendroit pour infames. Aussi prodigue n'est autre chose sinon qui n'a aucun commancement ny fin en sa despence, ny aucun esgard en
ses sumptuositez, & qui sans raison mange, pert &
gaste tout son bien, & pour son plaisir se laisse aller
à toutes ces voluptez: Corneille Lentulle qui estoit
de noble race despendit tout son bien folement &
vne grosse somme d'argent du public. I'en sçay tou-
resfois en ce Royaume qui ont dependu beaucoup

de

de leurs moyens &ont fait de pauures maisons, & si
n'ont point esté prodigues & n'ont point consom-
mé leurs biens en dons ny en presens, ny à ioüer,
mais pour auoir couru la fortune (si l'on luy veut
quelque chose attribuer)& pour se faire cognoistre
& remarquer auec actes signalez ausquels ils auoiét
aspiré, & n'y ont sceu paruenir,cela ne s'est peu faire sans grande despence:ceux-là ne se doiuent mettre au rang des prodigues, mais ouy bien au rang de
ceux qui ont essayé de vouloir attaindre aux honorables perfections,à quoy le gentil-homme de vertu est coustumier de rechercher pour acquerir de
l'honneur c'est ceste fortune qui ne luy a pas esté
fauorable:& pour estre demeuré paure, il ne doit
estre mis au rang des prodigues ny des infames,
mais au rang des Cheualiers d'honneur, m'estant
trouué sur ce propos, ie demáde lequel est le moins
vicieux, le prodigue ou l'auare, pour mon opinion,ie dis que le prodigue l'est beaucoup moins,
parce que par luy plusieurs profitent,car il donne
son bien liberalement & auec vne volonté manifeste de vouloir faire plaisir à vn chacun:mais l'a-
uare n'est fait que pour luy & n'vse point de ses
moyensnó plus que s'il n'en auoit point,cela le rend
tout vilain,parce que l'on voit de iour en iour l'a-
uarice luy croistre là où au prodigue quand il voit
son bien diminuer regarde aux moyens de recou-
urir la perte &la despéce qu'il aura faite,là ou l'auare
est tousiours infecté, comme d'vne maladie in-
curable.   Kk

Du Temeraire.

Chap. XX.

Isocrates disoit que la force auec la prudence profite : mais aussi si elle n'en n'est accompagnee elle est vitieuse, car de hazarder sa force sans propos & sans iuste occasion, c'est
vne pure folie & temerité : l'opinion d'Aristote est,
que celuy qui dit ou fait quelque chose inconsi-
derement ne doit estre tenu pour sage , mais
pour temeraire. Temerité aussi n'est autre chose
que se mettre & precipiter pour son plaisir & sans
aucune contrainte au danger & peril que l'on cognoist estre euident, & entreprendre toutes choses
sans consideration, & attenter ce que l'on cognoist
estre certainemēt perilleux. Le gentil-homme vertueux & celuy qui aspire à l'imiter doit bien consi-
derer en toutes ces actions d'estre moderé, afin que
le trop prompt mouuement de ces affections ne
soit cause qu'il tombe en vne honte ou reproche,
ou en quelque autre lourde faute : i'ay cy-dessus parlé de la hardiesse, & de celle que ie voudrois que le
gentil-homme fust accompagné , & auois vn peu
parlé de la temerité, parce que ie ne pouuois enri-
chir la hardiesse de sa vertu , si ie n'eusse blasmé le
vice qui la corrompt par son contraire, qui est te-

merite : mais ce a esté auec peu de langage, à ceste
heure ie parleray mieux à propos, à fin que le gentil-homme d'honneur & qui veut s'acompagner de
ceste belle vertu de magnanimité, soit instruict de
ce qui luy est necessaire pour viure auec honneur &
heureusement, & cela fait, ie pense luy auoir donné assez de belles & bonnes instructions pour euiter les querelles : ie sçay que les premiers mouuemens ne sont point en nostre puissance, & que nous
ne les pouuons pas aisement corriger, mais aussi
quand l'on cognoist qu'elle nous porte nuisance, &
que nostre promptitude nous fait le plus souuent
tomber en des accidens, & nous force à faire
choses indignes de l'honneste gentil-hôme, cela
nous deuroit donner vn subiect de nous corriger,
autrement ce seroit le propre des bestes brutes de
ne se pouuoir reprendre d'vne faute ou chose semblable pour l'aduenir : car de demeurer tousiours
en vne mesme humeur, & y continuer, il ne faut
point appeller ses personnes là hommes, parce que
en eux il n'y a point de raison, Or certes ceux qui
se conduisent ainsi par leurs passions, & ne veulent estre subiects qu'à leurs propres volontez, il
faut estimer qu'ils sont remplis de trop grand gloire, ne voulans croire que leur conseil & demeurer
fermes en leur opinion : tellemét qu'il n'est loisible,
à qui qu'il soit de les pouuoir diuertir : à ceux-là il
ne leur faut point de conseil, tant ils ont le cœur
plein de grandeur : aussi il est tout certain que
d'entreprendre chose trop hazardeuse, n'y a

point de loüange ny d'eſtime:Caton le ſage reſpondit à vn ſien amy qui loüoit grandement vn per-
ſonnage qui eſtoit par trop hazardeux & par trop
hardi & ſans diſcretion, qu'il y auroit beaucoup à
dire de celuy qui auoit beaucoup de vertu, & de celuy qui ne faiſoit pas eſtat de ſa vie, comme s'il euſt
voulu dire que viure & mourir auec l'honneur & la
vertu c'eſt vne choſe grandement loüable & que
pour euiter la mort ſans eſtre accuſé de coüardiſe
l'on n'en doit point eſtre reprins , la temerité proprement vient du natutel de l'homme , il en y a qui
ſont eſpris de vaine gloire, leſquels ſe voyás beaucoup priſez entrent en vne ſi grande opinion d'eux,
qu'ils s'eſtiment plus qu'ils ne doiuent, c'eſt l'occaſion que plus temerairement ils font & entreprennent ce qui eſt contraire à leur deuoir, ces flatteurs
qui leur vont ſouuent loüant leurs actions, & qui les
eſtimét plus qu'il ne ſont, ſont propres pour eux:en
ceux là la vertu n'y domine point, parcequ'ils ſe laiſſent tranſporter aux opinions d'autruy. Ceſt pourquoy le gentil-homme ne doit croire legerement
ces flatteurs, & parce qu'il eſt diſpoſé à ſuiure les armes & aſpre d'acquerir ce titre de capitaine, il doit
prendre garde de ne tomber en ce vice de temerité,
d'autát qu'il n'y a rié ſi certain ny choſe qui ſoit plus à
blaſmer en vn chef d'armee que d'eſtre ſurmóté de
ce vice, & qui cauſe tant la ruyne des Royaumes &
des armees. Il ſe liſt aſſez par les hiſtoires que pluſieurs capitaines qui temerairemét ont entrepris des

combats , dont il est sorty peu d'effects. Les vns y
ont perdu la vie & l'honneur, les autres ont esté mis
à vau-de-route. Ie veux conclure par là , que ceux
qui font appellez au conseil aupres des grands,
qu'ils ne soient si temeraires de leur bailler conseil,
qui ne soit vtile & digne de leur grandeur. Et quand
ils cognoistront qu'ils seront trop agitez de passiós,
ils doiuent auec beaucoup de persuasiós les diuertir de n'executer leurs mauuais dessains, afin que la
Monarchie soit gouuernee par conseillers sages
& bien aduisez & non temeraires : autrement
ce ne seriot qu'vne confusion desplorable. Aristote dit que l'homme doit trauailler à bastir entreprises genereuses, estant accompagné de hardiesse &
grandeur de courage , auec vne bóne experience:&
outre tout cela d'vne belle industrie & patiéce, demeurant ferme en ses dessains, & auec vne bonne raison & grande consideration. Autremét ceux
qui ne suiuent ce chemin meritent d'estre appellez
barbares & mercenaires des Princes, & ne seruent
que pour destruire & ruyner vne Monarchie , &
à bailler mille mauuaises inuentions à vn Prince
genereux: Et en vne armee s'aduisent de pratiquer
les forces de l'ennemy le iour d'vne bataille. L'on
sçait assez que la trahison ne doit prendre place en
vn cœur magnanime & vertueux : ie ne loüeray iamais ny ne tiendray en nul estime le Capitaine ou
chef d'vne armee , qui pratique pour le iour d'vn
combat les forces de son ennemy. En cela il n'y a

point de ruses (encores que quelques vns l'approu-
uent:) Car si par fineßes & trahison, l'on doit estre
loüé & estimé: Il ne faut plus mettre à prix l'honneur, la valleur, la hardieße, & la belle conduitte
que souloient obseruer les grands Capitaines aux
conduittes des armees : Car le plus grand poltron
ayant tiltre de capitaine, & n'ayant iamais exercé
les armes, en cette façon obtiendra des victoires.
A ce propos ie reciteray la magnanimité de Camille, qui estoit dictateur à Rome : tenant la ville des
Falleriens aßiegee, le Precepteur des enfans de cette ville ayant les plus riches en son gouuernement,
& feignant de les vouloir promener hors la ville,
les voulut liurer & donner prisonniers à Camille:
Mais ce chef vertueux fit vne tres digne responce,
disant: Encore qu'en la guerre on vse de beaucoup
de maux & d'outrages, si falloit-il qu'être ceux qui
font magnanimes & de vertueux courage, garder
que l'honneste raison soit preferee, & se gouuerner
auec le droit & l'honneur de la guerre : Et qu'vn
grand Capitaine deuroit faire la guerre, se confiant
plus en sa propre vertu, que non pas en la meschanceté d'autruy. Et qu'il ne falloit point tât estre desireux d'vne victoire, pour l'obtenir auec de si meschans & infames moyens. Par là ce grand Capitaine auoit plus estimé la Iustice, son honneur, & la
raison, que la victoire. Voila comme la temerité
faict souuent trebucher les grâds Capitaines, quâd
ils en sont poßedez. Le Gentil-homme qui veut acquerir le nom de magnanime & d'excellent Capi-

taine, la doibt euiter: & encore qu'il ne puiſſe aſpirer à vne ſi grande grade, pour fuyr la querelle auec
ſes compagnons, & garder ſes amis. Toutesfois il
doibt moderer ſes actiós, afin qu'il ne tombe en ce
vice de temerité.

Que la memoire eſt excellente au Gentil-homme qui
veut ſuiure les armes. Et qu'il y a eu de grands Capi-
taines qui en ont eſté beaucoup eſtimez.

CHAPITRE XXI.

CICERON, qui eſt le pere de l'eloquéce, dit,
que la memoire eſt la diuinité de l'hóme,
& l'immortalité de l'ame. Pline & Plutarque ſemblablement l'appelle pareille & ſemblable à la diuinité. La memoire eſt vn cabinet & re-
ceptacle de tout ce que nous apprenons, voyons
& entendons: Et doibt eſtre ſouuent exercee, à celle fin que l'vſage & l'exercice la puiſſe d'auantage
fortifier. Pline parle de la memoire de Ceſar qui
dictoit vne lettre, & liſoit dans quelque liure, &
oyoit parler vn autre en meſme téps. Il eſtoit cou-
ſtumier deſcrire tout ce qui ſe paſſoit ſoubs ſa charge & conduitte, qui nous ſont demeurez pour vne
memoire, qui ſont ſes Commentaires. Et par cette
inſtruction beaucoup de noſtre temps ont ſuiuy
cette trace de laiſſer la memoire dés faicts où ils
ont eſté employez. Vous auez le ſeigneur du
Bellay, qui a faict vn liure ou ſont enſeignez les
preceptes de la guerre, à l'imitatió du Roy Pyrrhus,

qui s'exerçoit à composer les enseignemens des armes, & comme elles se deuoient conduire. Vous
auez encore de nostre temps Monsieur le Connestable Anne de Montmorency, combien qu'il n'ait
point mis par escrit ses gestes, & qu'il est bien suffi-
samment escrit dans les Annales de France: S'y est-
ce toutesfois que dans ses maisons toutes les def-
faictes & prinses de villes qu'il a faites sont peintes,
pour laisser ceste memoire de luy à sa maison , & à
toute sa posterité. Et est mort les armes en la main
d'vne blessure qu'il eut à la bataille de sainct Denis,
aagé de plus de soixante & seize ans: Ce qui est grã-
dement à priser & en faire beaucoup d'estime. Il en
est paru depuis qui ont faict le semblable, Mõsieur
de Desse, qui a esté commandé des feuz Roys François premier, & du Roy Henry deuxiesme, a fait
tracer & peindre en sa moison d'Espauuilliers, tous
ses faicts & gestes qu'il à exercez au faict de la guerre, pendant qu'il a eu du commandement. C'est
vne memoire qui reluit à toute sa posterité , & est
mort à Therouenne d'vne mousquetade les armes
en la main. Ie mettray en ce lieu ce braue guerrier
Monsieur le Mareschal de Montluc, qui a laissé par
ses commentaires, vne telle memoire de luy, qu'vn
chacun qui faict profession des armes , en deuroit
faire la lecture, & y trouueroit de belles instructiõs
qui l'inciteroient à faire de semblables exercices, &
à entreprendre des combats, braues & genereux: Et
pour tesmoigner de ces actions, & de ses hautes entreprises il y appelle des Capitaines de son têps, qui
est

est vne preuue manifeste qu'il n'a point voulu escrire de ce qu'il a faict en ses charges, qui ne soit recogneu de ceux qui l'ont veu. Aussi ses deportemés
ont esté executez vaillámét, & sot dignes d'en auoir
memoire. Il a tousiours esté tenu pour vn des vaillans & hardis Capitaines de nostre temps & le plus
hazardeux. Aussi il est mort dans son lict aagé de
de quatre-vingts ans, apres auoir receu en toutes
ces guerres, sept arquebuzades, la derniere cé fut
à Rabastan qu'il prinst d'assault. C'est vn tesmoignage qu'il n'espargnoit pas sa vie pour le seruice
de son maistre. Apres auoir parlé de la memoire
des braues guerriers, ie parleray des sçauans & do-
ctes: I'ay veu en ma ieunesse vn sçauant hôme nômé
Romillius, qui estoit aueugle de nature, enseigner
publiquemét à Paris, à toutes les heures que l'exercice l'appelloit. L'on tient que Homere & Democri-
te se firent creuer les yeux pour auoir meilleure
memoire. Voila comme la memoire a esté grandement louée en ceux qui s'y sont voulu exercer.
C'est vne loüange grande de voir vn Gentil-homme bien discourir de ce qu'il a veu & ouy dire quád
il est à vne belle assemblee. Comme cy-dessus auós
dict en vn autre endroit, il en est bien mieux entendu & beaucoup mieux estimé, sa reputation est
publiee partout. Tels personnages sont volontiers
recherchez des Roys pour commander en vne armee, ou pour estre enuoyez en embassade pour les
affaires du Royaume. Aussi il ne faut point appeller
en telles affaires, sinon ceux que le Roy cognoistra

eſtre vaillans & bien experimentez, & s'en trouuera tres-bien ſeruy, ce qui retournera au profit & à
l'honneur de ſon Eſtat.

---

*Que le Gentil-homme en ſes affaires ſe-doibt ſeruir de
l'aduis & conſeil d'autruy.*

CHAP. XXII.

'E s t vn malheur qui accompagne les humains, que ſouuent ils ſont prompts à donner conſeil & aduis à autruy & n'en peuuent prendre pour eux: Ie croy que ce defaut vient
que nous ne ſommes pas maiſtres de nos premiers
mouuemens, qui cauſe que nous manquós à noſtre
deuoir. D'autant qu'ordinairement nous nous laiſ-
ſons tranſporter à nos paſſions: eſtimans en nous-
meſmes qu'il n'y a perſonne ſemblable à no°: Voila
l'imperfection de noſtre vie: & pour la corriger il
eſt beaucoup plus certain de conferer de nos affaires auec quelqu'vn qui ſoit bien expert, affin de n'y
varier point & y eſtre plus reſolu: croyant certainement que deux teſtes reſoudront plus d'affaires &
d'accidens, que ne fera vne ſeule. C'eſt choſe qui
ſe cognoiſt ſans en faire plus longue experience. Il
y en a qui aux affaires d'autruy parlét fort diſcrete-
ment & auec bon aduis: Et en leurs affaires propres
ils y ſont fort ignorans, & n'y peuuét mettre aucun
ordre. Ceſar qui par ſa vaillance auoit conduit tant
de belles armees, & gaigné tant de batailles, &

paruenu iufquesà la perfection de fa grãdeur: toutesfois il ne peuft iamais euiter la coniuration qui
auoit efté faicte contre luy par Brutus&Caffius, encores qu'il en fuft aduerty, ce neantmoins il en perdit la vie : Son fucceffeur Octauius combien qu'il
fuft grand Empereur & tres-heureux, fut aduerty
de la lafciueté de fes filles : il n'y fceut toutesfois
mettre ordre. L'Empereur Anthonin le debonnai-
re eut pour femme Fauftine, la plus defbordee en fa
vie qu'il fe pouuoit trouuer, & quelque remõftran-
ce qu'il luy peuft faire, il falloit qu'elle exerçaft fa
lubricité publiquement auec vn gladiateur qu'elle
aymoit defbordément. Nicias qui eftoit vn vaillãt
Capitaine, ne fit iamais faute pour s'eftre feruy du
confeil d'autruy:& quant il fe vouloit feruir du fien
pour fon particulier, rien ne luy fuccedoit bien à
propos. Ariftarque difoit, que pour eftre inconftás
nous ne fçauons ce qu'il faut defirer, ny ce qu'il faut
fuir. Veritablement il faut conclure que l'homme
vaillant qui n'a autre aduis en fes affaires que fon
propre iugement, & fon confeil c'eft la ruyne de
fa maifon & de la Republique. Que le fage Gentil-
homme prenne bien garde en fes actions, & ne fi
conduife inconfiderément & fansaduis, autrement
il fe trouuera eftre bien efloigné de fes conceptiõs,
auffi fes affaires luy profpereront mieux, quand il
s'y acheminera par aduis & par bon confeil

Que le Gentil-homme ne doibt estre curieux de sçauoir les affaires d'autruy.

CHAPITRE XXIII.

LATON escriuant à Denis le Tiran, luy mâde, que celuy qui est desireux de sçauoir les affaires d'autruy, est plus amy de ses ennemis que de soy mesme: car incõtinent qu'il en sçait il est prompt à les diuulguer, & en dire mal: & de faict l'inconstance de l'hóme est telle qu'il n'aura iamais son esprit à repos, s'il ne sçait les affaires de ses voisins, non pas pour y apporter quelque remede: mais plustost pour en faire des risees si l'on y cognoist quelque subject. C'est nostre esprit qui n'est iamais en repos, & a vne telle inquietude, qu'il veut estre participant de toutes les affaires qui se passent en ses quartiers: voire il veut embrasser toutes choses s'il luy est possible, pour en discourir à sa fantasie. Et bien souuét ce desir ameine auec cela plusieurs mal-contens qui ne veulent estre mis au commun langage d'vn chacun. Pindare fut enquis, sçauoir ce qui estoit le plus difficile à faire: il respondit qu'il n'y auoit rien si facile a faire que de reprendre autruy: Et au contraire plus difficile que d'estre reprins. Aussi plusieurs y en a qui ne se voudroient enquerir, ny ne voudroient sçauoir les affaires de leurs voisins, & encore qu'il leur en fust dit quelque chose, ils l'oublient:

Parce que c'est chose qui ne leur touche en rien.
Pline raconte que Marc Porcie estoit grandement
estimé parce qu'il ne s'enqueroit iamais des nouuelles de Rome, ny de ce qui s'y disoit & qui s'y faisoit.
Les Atheniés establirét vne loy en leur Republique
que nul n'eust à s'enquerir quand quelqu'vn venoit
en leur cité de sçauoir qu'il y estoit venu faire, d'où
il venoit, & qu'il demandoit, à peine d'vne grosse
amende & estre banni de la patrie, & firent cette loy
pour faire cognoistre, que d'estre curieux de sçauoir les affaires d'autruy, c'estoit vn vice trop grand
que l'on deuoit euiter: voila pourquoy ie diray que
le gentil-homme est bien heureux qui ne s'enuelo-
pe point aux affaires d'autruy, & qui n'est point
curieux de le sçauoir, car celuy qui messe les affaires
d'autruy auec les siennes n'a iamais son esprit en repos, il est impossible qu'il ne soit poussé du peché
d'enuie, ou qu'il ne soit tenu pour vn mesdisant ou
vn mocqueur & en fin se fera mostrer du doigt duquel l'on se gardera comme d'vn homme qui est
vne peste en son pays. Il en y a qui exercét leur curiosité d'autre façon, & veulent sçauoir de toutes
sortes d'inuentions, qui se font en toutes professiós,
i'en sçay qui ont appliqué leur entendement a vouloir estre Arquemistes & à faire la quint'essence,
voire faire la pierre philosophale, & y ont consom-
mé beaucoup de leurs biens : en fin ils s'y sont ren-
dus patures & souffreteux, tant leur curiosité estoit
grande & insatiable. Le gentil-homme doit fuyr
ces inuentions & doit appliquer son entendement

à des effaits plus honorables c'est la curiosité qu'il pourroit plus desirer.

Que le gentil-homme doit garder l'honneur des Dames
& combattre pour sa maistresse.

CHAP. XXIIII.

LEs dames ont ce priuilege que d'estre respectees & honorees&ceux qui se destournent de ceste honneste façó de faire, n'obseruent pas le droit qu'il appartient aux dames. La meilleure grace que sçauroit auoir le gentil-homme, c'est de sçauoir choisir vne maistresse, & n'est point tenu pour vaillant homme s'il n'est bien aymé & estimé des Dames. Ceste exercice est digne du gentil-homme d'honneur & du vaillant homme,aussi quand il est accompagné de ses belles perfections,il en est le mieux venu aux bonnes compagnees & beaucoup plus prisé,& se doit bien garder sur toute chose de se partialiser auec les dames & d'en mesdire,il en acqueroit vne mauuaise reputation, tous les grands capitaines ont eu des maistresses &en ont fait grand estime,ie reciteray pour exéple ce que Plutarque escrit de Pompee qui auoit vne amie nómeeForavnde ses amisen futamoureux & le pria de luy permettre qu'il couchast auec elle ce que Pópee luy accorda:mais Flora ne luy voulut consentir:toutesfois par importunité & craignant

que fon amy penfaft que ce fuft vne diffimulation,
elle fi accorda : depuis Pompee ne la voulu voir ny
aymer dont de regret elle en mourut. Il eft efcrit
qu'Alexandre ne voulut toucher à l'amie de fon a-
my, encore qu'il en fuft fort amoureux : il faut aymer fa maiftreffe & ne la deshonorer pas: mais conferuer fon honneur à la pointe de fon epee , c'eft le
deüoir du vaillant gentil - homme. Iule Cefar
fit trancher la tefte à l'vn de fes capitaines pour a-
uoir forcé l'amie d'vn de fes compagnons : le rauif-
fement d'Heleine que Paris enleua fut caufe de la
deftruction de tous ; Cleopatre fe fit mourir quand
elle fceut la mort de Marc-Anthoine, craignant de
tomber entre les mains des foldats d'Augufte Cefar. Il faut donc fe ramener les exemples des payés
qui auoient tant leur honneur en recommandation qu'ils ne vouloiét permettre eftre deshonorez
ny fouffrir que l'on deshonoraft leurs maiftreffes,
Ie diray donc que quand la maiftreffe d'vn gentil-
homme a efté offencee qu'il s'en doit reffentir &
vanger l'iniure qu'on luy a faite.

F I N.